# Libre
# con el Trading

Descubre las Mejores Estrategias, Análisis Técnico y
Fundamental, y la Gestión de Riesgos para Establecer
las Bases y Construir una Estructura Sólida en el Mundo
del Trading.

Max Fortune

# Comienza tu viaje en el mundo del trading: estrategia, visión y decisiones conscientes.

# Índice

# Introducción

Hay un momento en la vida de cada aspirante a trader en el que te encuentras frente a la pantalla, mirando gráficos que parecen hablar un idioma desconocido. Es ese momento en el que te das cuenta de que el trading no es solo comprar y vender, sino entrar en un mundo donde cada decisión cuenta, donde la diferencia entre el éxito y el fracaso a menudo se mide en segundos y en pequeños porcentajes. Sin embargo, a pesar de la complejidad aparente, algo dentro de ti sabe que este es un camino que vale la pena explorar.

El trading online representa hoy una de las oportunidades más concretas para quienes desean tomar las riendas de sus finanzas, no a través de promesas milagrosas o atajos ilusorios, sino a través del estudio, la práctica y el desarrollo de una mentalidad que sabe ver más allá de las fluctuaciones diarias del mercado. Es un viaje que requiere paciencia y disciplina, pero que ofrece a cambio algo valioso: la capacidad de leer los mercados, de comprender las fuerzas que mueven la economía global y, sobre todo, de actuar con consciencia en un mundo que a menudo parece dominado por el caos.

En las páginas que siguen, no encontrarás fórmulas mágicas ni estrategias secretas que te harán rico de la noche a la mañana. Lo que encontrarás es algo más sólido y duradero: una guía estructurada que te acompañará desde los conceptos fundamentales hasta las estrategias más refinadas, siempre con los pies bien plantados en la realidad de los mercados. Partiremos de las bases, aquellas que todo trader debería conocer como la palma de su mano, para luego adentrarnos en el análisis técnico y fundamental, en la gestión del riesgo y en ese aspecto a menudo subestimado pero crucial que es la psicología del trading.

Sé que podrías sentirte abrumado por la cantidad de información disponible ahí fuera, por las mil voces que prometen éxitos fáciles o que, por el contrario, pintan el trading como una actividad reservada solo a unos pocos elegidos con capacidades extraordinarias. La verdad, como suele ocurrir, está en el medio. El trading es accesible para cualquiera dispuesto a invertir tiempo en el aprendizaje, pero también requiere la humildad de reconocer que se trata de un camino de crecimiento continuo, donde incluso los traders más experimentados siguen aprendiendo cada día.

Este libro nace de la experiencia directa en los mercados, de las lecciones aprendidas a través de éxitos e inevitables errores, de la consciencia de que cada trader recorre un camino único pero que existen principios y estrategias que pueden marcar la diferencia entre navegar a ciegas y moverse con seguridad. No importa si partes de cero o si ya has dado los primeros pasos en el trading: lo que cuenta es tu disposición a cuestionar tus convicciones, a estudiar con método y a desarrollar esa disciplina mental que distingue a quien sobrevive en los mercados de quien prospera.

El mundo del trading te está esperando, no como un campo de batalla donde solo los más fuertes sobreviven, sino como un entorno donde la preparación, la estrategia y el control emocional pueden transformar la incertidumbre en oportunidades concretas. Cada gran trader comenzó exactamente donde te encuentras tú ahora, con las mismas preguntas, los mismos miedos y la misma determinación por entender cómo funciona realmente este fascinante universo financiero.

¿Estás listo para transformar la curiosidad en competencia, el aprendizaje en acción? El camino comienza aquí, con la primera página de este libro. No es solo el inicio de una lectura, sino el primer paso hacia una comprensión más profunda de cómo los mercados financieros pueden convertirse no solo en una fuente de ingresos, sino en una herramienta de crecimiento personal y de libertad en tus decisiones. El viaje comienza ahora.

# Capítulo 1: Los Primeros Pasos en el Mundo del Trading Online

## ¿Qué es el Trading Online?

Imagina poder acceder a los mercados financieros globales desde tu salón, con un simple clic. Nada de llamadas frenéticas a los brokers, nada de carreras al parqué, nada de barreras insalvables entre tú y las oportunidades de inversión. Esto es el trading online: la posibilidad concreta de comprar y vender instrumentos financieros a través de plataformas de internet, estés donde estés, en cualquier momento del día.

Pero el trading online es mucho más que una simple evolución tecnológica. Ha sido una auténtica revolución que ha derribado los muros que durante décadas separaron los mercados financieros de las personas comunes. Antes, este mundo estaba reservado para quienes tenían capitales importantes, conexiones en el sector financiero o podían permitirse costosos intermediarios. Hoy, con unos pocos cientos de euros y una conexión a internet, puedes comenzar tu camino en los mercados globales. No es magia, es democratización del acceso a las oportunidades financieras.

13

A través de las plataformas de trading online, se abre ante ti un universo de posibilidades que antes eran impensables. Puedes invertir en acciones de empresas que admiras, convirtiéndote de hecho en socio de gigantes tecnológicos o de startups innovadoras. Puedes diversificar con bonos, prestando dinero a gobiernos o empresas a cambio de intereses regulares.

Si te atrae la innovación, las criptomonedas te ofrecen un nuevo territorio por explorar, mientras que las materias primas como el oro y el petróleo te conectan con la economía real de forma directa. Y luego está el Forex, el mercado más líquido del mundo, donde cada día se mueven billones de dólares y donde las divisas bailan al ritmo de los acontecimientos globales.

La belleza del trading online está en su accesibilidad continua. Los mercados nunca duermen y tú puedes operar cuando mejor se adapte a tus ritmos de vida. Tienes el control total de tus decisiones, ejecutas operaciones en tiempo real y, lo que no es poco, los costes se han reducido drásticamente respecto al pasado.

La competencia entre las plataformas ha traído beneficios concretos: comisiones más bajas, spreads más estrechos, herramientas de análisis que antes costaban miles de euros ahora disponibles gratuitamente. Es como tener una sala de trading profesional en tu ordenador.

Pero atención, esta accesibilidad trae consigo una responsabilidad que no puedes ignorar. El trading online te pone al volante, y como todo piloto sabe bien, antes de acelerar debes conocer el vehículo que estás conduciendo. No se trata solo de entender cómo funciona una plataforma o cómo colocar una orden. Se trata de comprender las dinámicas de los mercados, de desarrollar una estrategia que se adapte a tu perfil de riesgo, de construir esa disciplina mental que marca la diferencia entre quien navega los mercados con éxito y quien es arrastrado por las olas.

El perfil del trader moderno ha cambiado radicalmente. Ya no hace falta ser un experto en finanzas con años de experiencia a las espaldas para comenzar. Lo que hace falta es la voluntad de aprender, la paciencia de construir tus competencias paso a paso y la humildad de reconocer que cada día los mercados tienen algo que enseñarte. La gestión del riesgo ya no es opcional sino el fundamento sobre el que construir cada estrategia.

La disciplina no es solo una palabra bonita sino la diferencia entre sobrevivir y prosperar en este entorno.

El trading online te ofrece una libertad sin precedentes, pero como toda forma de libertad, requiere consciencia y preparación. No es un juego de azar donde confías tu destino a la suerte, sino una actividad que recompensa a quien se prepara, quien estudia, quien mantiene la calma cuando otros pierden la cabeza.

Es un camino de crecimiento personal además de financiero, donde aprendes a conocer no solo los mercados sino también a ti mismo, tus reacciones bajo presión, tu capacidad de mantener la lucidez cuando todo parece ir en tu contra.

Este es el mundo en el que estás a punto de entrar. Un mundo donde las oportunidades son reales y concretas, donde el éxito es posible pero debe conquistarse con método y determinación. No existen atajos, pero sí existen caminos bien trazados que otros han recorrido antes que tú y que este libro te ayudará a explorar. La transformación del trading de actividad elitista a oportunidad accesible está completa. Ahora depende de ti decidir cómo aprovecharla al máximo.

## La Historia del Trading Online

Hubo un momento, en los años 90, en que todo cambió. No fue un evento único, sino una serie de innovaciones que se entrelazaron hasta crear algo completamente nuevo. Internet estaba entrando en los hogares, los ordenadores se volvían accesibles y alguien tuvo la intuición genial que cambiaría para siempre el mundo de las inversiones:

¿por qué no permitir a las personas hacer trading directamente desde su ordenador de casa?

Antes de eso, si querías comprar acciones tenías que llamar por teléfono a tu broker, esperar a que ejecutara la orden y confiar en que el precio no hubiera cambiado demasiado mientras tanto.

Era un proceso lento, costoso y reservado para quienes podían permitirse un intermediario profesional.

Pero en 1991, cuando la National Science Foundation eliminó la prohibición sobre el uso comercial de internet, se abrió una puerta que jamás volvería a cerrarse. Era el inicio de una revolución silenciosa pero poderosa.

Los cimientos ya se habían colocado en los años 70 con el NASDAQ, el primer sistema de trading completamente electrónico, pero se necesitaba internet para transformar esa tecnología en algo accesible para todos. Y cuando a mediados de los años 90 pioneros como E*TRADE y Charles Schwab lanzaron las primeras plataformas de trading online, los dados estaban echados.

De repente, con unos pocos clics podías comprar y vender acciones desde tu salón. Nada de llamadas, nada de esperas, nada de barreras entre tú y los mercados.

El año 1996 fue cuando E*TRADE lanzó la primera campaña publicitaria completamente online, y fue como encender una mecha. Las personas empezaron a darse cuenta de que el trading ya no era un club exclusivo. Se había convertido en algo que cualquiera, con un poco de preparación y determinación, podía hacer.

Las plataformas basadas en web lo hicieron todo aún más inmediato: bastaba abrir el navegador y los mercados del mundo estaban ahí, al alcance de la mano.

Luego llegó el nuevo milenio y con él la burbuja de las puntocom. Fue un momento de verdad para el trading online. Muchos pensaron que sería el fin, pero en cambio fue el inicio de algo aún más grande. La crisis del 2000-2001 no destruyó el trading online, lo hizo más fuerte.

Las normativas se reforzaron, las plataformas se volvieron más seguras, los inversores más conscientes. Era como si el mercado hubiera hecho sus ensayos generales y ahora estuviera listo para el verdadero espectáculo.

La evolución nunca se detuvo. Con la llegada de los smartphones y las redes sociales, el trading se transformó una vez más. Hoy puedes controlar tu cartera mientras tomas un café, ejecutar una operación mientras vas en el tren, seguir los mercados asiáticos desde tu cama.

Ya no son solo acciones y bonos: las criptomonedas han añadido una dimensión completamente nueva, los CFD han multiplicado las posibilidades, y cada día nacen nuevos instrumentos y oportunidades.

Millones de personas en todo el mundo hacen trading online hoy, una realidad que habría sido ciencia ficción hace apenas treinta años. La historia del trading online no es solo la historia de una tecnología, es la historia de cómo el acceso a las oportunidades financieras se democratizó, de cómo el poder pasó de las instituciones a las personas.

Es tu historia, si decides formar parte de ella.

# Riesgos del Trading Online

Ahora pongamos los pies en la tierra, porque toda moneda tiene su reverso. La misma facilidad que hace el trading online tan atractivo puede convertirse en tu peor enemiga. Cuando bastan unos pocos segundos para abrir una posición, la tentación de operar demasiado a menudo se vuelve real.

Es lo que llaman overtrading: en lugar de esperar las oportunidades correctas, empiezas a ver oportunidades por todas partes. Y cada operación, recuérdalo siempre, es un riesgo que corres con tu dinero.

La velocidad puede jugarte malas pasadas también de otra forma. En los momentos de alta volatilidad, cuando los mercados enloquecen y las emociones toman el control, esa facilidad de clic puede transformarse en decisiones impulsivas que te costarán caro.

He visto traders experimentados perder la cabeza y tirar por la borda meses de beneficios en pocos minutos de pánico. El botón "comprar" o "vender" está siempre ahí, tentándote, y resistir la tentación requiere una disciplina de hierro.

La seguridad online es otro aspecto que no puedes subestimar. Tus datos financieros, tus contraseñas, tus fondos están todos online, y esto los hace potencialmente vulnerables. No se trata de ser paranoico, sino de ser consciente.

Contraseñas robustas, autenticación de dos factores, atención al phishing: son precauciones necesarias en un mundo donde los cibercriminales son cada vez más sofisticados. La comodidad del trading online viene con la responsabilidad de proteger tus activos digitales.

Luego está la paradoja de la información: tienes acceso a una cantidad infinita de datos, noticias, análisis, opiniones. Pero más información no significa necesariamente mejores decisiones. De hecho, a menudo es lo contrario.

La sobrecarga informativa puede paralizarte, hacerte perder de vista lo que es realmente importante. O peor aún, puede empujarte a seguir la última noticia sensacionalista, el último gurú de turno, perdiendo de vista tu estrategia y tus objetivos.

La verdad sobre el trading online es esta: te ofrece oportunidades extraordinarias, pero requiere que estés a la altura de estas oportunidades. No es un juego, no es una apuesta, no es una forma fácil de ganar dinero rápido.

Es una actividad seria que requiere preparación, disciplina, gestión del riesgo y, sobre todo, la capacidad de controlar tus propias emociones. Si aceptas esta responsabilidad, el trading online puede realmente cambiar tu vida. Si la ignoras, puede convertirse en una pesadilla muy costosa.

# Capítulo 2: Conceptos Básicos

Ahora que has entendido qué es el trading online y qué oportunidades ofrece, es el momento de levantar el telón y ver qué hay realmente detrás del escenario. No te preocupes, no se convertirá en una aburrida clase de economía. Lo que estamos a punto de explorar juntos son los mecanismos que mueven billones de dólares cada día, las fuerzas que determinan si tu inversión crecerá o se derrumbará, las herramientas que transformarán tu comprensión de superficial a profunda.

Los mercados financieros son como un organismo vivo que nunca duerme. Mientras tú duermes, al otro lado del mundo alguien está comprando o vendiendo, influenciando los precios que verás cuando despiertes. Entender cómo funciona este organismo, cuáles son sus órganos vitales y cómo interactúan entre sí, es la diferencia entre navegar a ciegas y moverte con la precisión de quien sabe exactamente adónde va.

No se trata solo de saber que existen acciones y bonos, sino de comprender profundamente qué representan, cómo se mueven y por qué.

Lo que descubrirás en este capítulo te dará una perspectiva completamente nueva. Las acciones dejarán de ser solo símbolos en una pantalla y se convertirán en piezas de empresas reales, con historias, estrategias y potencial de crecimiento. Los bonos ya no serán inversiones aburridas para jubilados, sino instrumentos sofisticados que pueden ofrecerte estabilidad o especulación según cómo los uses.

Las criptomonedas perderán ese velo de misterio y se convertirán en activos comprensibles con sus lógicas precisas. Los futuros y las opciones, que ahora pueden parecerte complejos y arriesgados, revelarán su potencial como herramientas poderosas para quien sabe manejarlas.

Pero hay una distinción fundamental que debes entender antes que todo lo demás, y es la que existe entre invertir y hacer trading. No son lo mismo, aunque usen los mismos mercados y los mismos instrumentos.

Invertir es como plantar un árbol: pones la semilla, la riegas, esperas años y luego recoges los frutos. Es paciencia, visión a largo plazo, confianza en el futuro. El trading, en cambio, se parece más al surf: cabalgas las olas del mercado, entras y sales rápidamente, aprovechas los movimientos de precio a corto plazo.

No es mejor uno u otro, son simplemente enfoques diferentes que requieren mentalidades y estrategias diferentes.

Prepárate para ver los mercados financieros no ya como algo abstracto y distante, sino como un ecosistema fascinante donde cada día se escriben historias de éxito y fracaso, donde la preparación y el conocimiento marcan la diferencia entre quien prospera y quien es arrastrado por la corriente.

Este capítulo te dará los cimientos sobre los que construir todo el resto de tu camino en el trading. Son conceptos que deberás interiorizar tan profundamente que se convertirán en parte de tu forma de pensar, porque en el trading, como en la vida, quien comprende las reglas del juego ya ha ganado la mitad de la partida.

# Mercados Financieros: Descripción y Funcionamiento

Imagina un lugar donde cada segundo se mueven miles de millones de dólares, donde las decisiones tomadas en Tokio influyen en los precios de Nueva York, donde el futuro de la economía mundial toma forma a través de millones de transacciones. Este lugar existe y está más cerca de lo que piensas: son los mercados financieros, el corazón pulsante de la economía global que ahora puedes tocar con un clic desde tu ordenador.

Los mercados financieros no son simplemente lugares donde se compra y se vende. Son la infraestructura invisible que permite que el capital fluya donde se necesita, que las empresas crezcan, que los inversores construyan riqueza.

Cuando una empresa innovadora en California necesita fondos para desarrollar la próxima tecnología revolucionaria, cuando un gobierno debe financiar infraestructuras cruciales, cuando tú buscas una forma de hacer crecer tus ahorros, los mercados financieros son el puente que hace posible todo esto.

## Los Diferentes Rostros de los Mercados

Los mercados de acciones son probablemente los que mejor conoces, al menos de nombre. NYSE, NASDAQ, Bolsa de Madrid: estos nombres evocan imágenes de traders frenéticos y pantallas llenas de números verdes y rojos. Pero detrás de esta fachada hay algo más profundo.

Cuando compras una acción, no estás solo especulando sobre un número que sube o baja. Te estás convirtiendo en copropietario de una empresa, con todo lo que eso implica. Tus acciones te dan derecho a una parte de los beneficios, a veces incluso a votar en las decisiones empresariales. Es un pedazo de economía real que termina en tu cartera.

Los mercados de bonos operan bajo una lógica completamente diferente. Aquí no se trata de propiedad sino de préstamos. Cuando un gobierno o una empresa emite bonos, está pidiendo un préstamo a los inversores. Tú prestas tu dinero y a cambio recibes intereses regulares más la promesa de recuperar el capital al vencimiento.

Puede parecer aburrido comparado con la emoción de las acciones, pero es un mercado enorme, a menudo más grande que el de valores, y ofrece oportunidades únicas para quien sabe dónde mirar.

Las materias primas te conectan directamente con la economía física. Oro, petróleo, trigo, cobre: estos no son conceptos abstractos sino bienes reales que mueven el mundo. Cuando haces trading con materias primas, estás especulando sobre fuerzas fundamentales como la demanda industrial, las condiciones meteorológicas, la geopolítica.

Es un mercado donde un conflicto en Oriente Medio puede disparar el precio del petróleo, donde una sequía en Brasil puede hacer que tu café de la mañana sea más caro.

El Forex es el gigante invisible, el mercado más grande del mundo con más de 5 billones de dólares intercambiados cada día. Aquí las divisas bailan unas contra otras en un ballet infinito influenciado por tipos de interés, balanzas comerciales, decisiones políticas.

Es el mercado que nunca duerme, abierto 24 horas al día, donde mientras tú duermes alguien al otro lado del mundo está haciendo trading en el mismo par de divisas que tú.

Los mercados de derivados son donde las finanzas se vuelven realmente creativas. Futuros, opciones, swaps: instrumentos que derivan su valor de otra cosa y que permiten estrategias imposibles con los activos tradicionales.

Puedes apostar a que un precio subirá o bajará, puedes protegerte de los riesgos, puedes crear combinaciones complejas que dan beneficios en escenarios específicos. Es el territorio más avanzado del trading, donde las oportunidades son enormes pero también los riesgos si no sabes lo que estás haciendo.

### Cómo Funciona Realmente Este Sistema

En la base de todo hay un principio simple: oferta y demanda. Pero en los mercados financieros este principio se transforma en algo extraordinariamente complejo. No se trata solo de cuántas personas quieren comprar o vender, sino de lo que piensan que sucederá mañana, el mes que viene, dentro de un año.

Los precios no reflejan solo el presente sino que incorporan las expectativas sobre el futuro, los miedos, las esperanzas, a veces incluso la irracionalidad colectiva.

Los intermediarios son los facilitadores de este sistema. Brokers, bancos de inversión, creadores de mercado: sin ellos los mercados se detendrían. No solo ejecutan tus operaciones, sino que proporcionan liquidez, conectan compradores y vendedores, ofrecen investigación y análisis.

Son el aceite que lubrica los engranajes de la máquina financiera, y entender su papel te ayuda a comprender por qué ciertas cosas funcionan como funcionan.

La regulación es el guardián silencioso que vigila todo. SEC, FCA, CNMV: siglas que pueden parecer abstractas pero que representan la diferencia entre un mercado seguro y el salvaje oeste financiero. Estas autoridades establecen las reglas del juego, castigan a quien hace trampas, protegen a los inversores más pequeños de los depredadores.

No son perfectas, a veces son lentas para reaccionar, pero sin ellas los mercados serían mucho más peligrosos.

La tecnología lo ha cambiado todo y sigue haciéndolo. El trading de alta frecuencia ejecuta miles de operaciones por segundo. Los algoritmos analizan montañas de datos para encontrar oportunidades invisibles al ojo humano. Las plataformas online te dan acceso a herramientas que hace veinte años costaban millones.

Pero la tecnología es un arma de doble filo: hace todo más rápido, más eficiente, pero también más complejo y a veces más inestable.

### Por Qué Todo Esto Es Importante

Los mercados financieros no son un juego de suma cero donde por cada ganador hay un perdedor. Cuando funcionan bien, crean valor para todos. Permiten que las empresas innovadoras encuentren capital para crecer, creando puestos de trabajo e innovación. Permiten que los gobiernos financien infraestructuras que mejoran la vida de millones de personas. Dan a los individuos la posibilidad de hacer crecer sus ahorros por encima de la inflación.

La asignación eficiente del capital es quizás la función más importante pero menos visible de los mercados. Cada día, a través de millones de decisiones individuales, los mercados deciden qué proyectos merecen financiación y cuáles no.

Es un proceso imperfecto, a veces se equivocan estrepitosamente, pero a largo plazo tienden a dirigir el dinero hacia los usos más productivos.

La gestión del riesgo que los mercados permiten es crucial para la estabilidad económica. Una empresa puede protegerse de las fluctuaciones cambiarias, un agricultor puede fijar el precio de su cosecha futura, un inversor puede diversificar para reducir el riesgo.

Sin esta capacidad de gestionar el riesgo, la economía sería mucho más volátil e incierta.

La liquidez que los mercados proporcionan es como el oxígeno para el sistema financiero. Saber que puedes vender un activo cuando lo necesitas, aunque quizás no al precio ideal, te da la seguridad para invertir. Sin liquidez, el dinero quedaría bloqueado, la economía se ralentizaría, las oportunidades se desvanecerían.

Entender los mercados financieros no es solo cuestión de aprender definiciones y mecanismos. Es comprender las fuerzas que mueven la economía mundial, que influyen en tu vida aunque no hagas trading. Es adquirir una perspectiva que te permite ver más allá de los titulares de los periódicos, entender qué está pasando realmente cuando oyes hablar de caídas de bolsa o rallies bursátiles.

Es el primer paso para transformarte de espectador a participante consciente en este fascinante teatro financiero global.

# Instrumentos Financieros: Acciones, Bonos, Criptomonedas, Futuros y Opciones

Ahora que has entendido cómo funcionan los mercados, es momento de conocer los instrumentos con los que harás trading. Piénsalos como diferentes tipos de vehículos: algunos son estables y predecibles como un sedán familiar, otros son rápidos y arriesgados como una moto de carreras.

Cada instrumento tiene su personalidad, su comportamiento, sus ventajas y sus peligros. La clave del éxito no es encontrar el instrumento "mejor" en absoluto, sino el correcto para ti, para tus objetivos, para tu tolerancia al riesgo.

### Acciones: Conviértete en Propietario

Cuando compras una acción, no estás solo haciendo una apuesta sobre un gráfico que sube o baja. Te estás convirtiendo en propietario, aunque sea de una pequeña parte, de una empresa real con empleados, productos, estrategias. Esa compañía ahora es también un poco tuya.

Si le va bien, el valor de tu participación aumenta. Si distribuye beneficios, recibes los dividendos. Si quiebra, sin embargo, eres el último de la fila para recuperar algo.

Las acciones son el instrumento que ha creado más millonarios en la historia. Quien compró Apple en los años 80 o Amazon en los años 90 vio transformar unos pocos miles de dólares en fortunas. Pero por cada historia de éxito hay cientos de empresas que han desaparecido llevándose con ellas el dinero de los inversores.

La volatilidad es el precio a pagar por el potencial de crecimiento: una acción puede perder el 50% de su valor en pocos días durante una crisis, pero también puede duplicarse en pocos meses si la empresa acierta con la estrategia correcta.

Para navegar el mercado de valores se necesita más que suerte. Debes aprender a leer los balances, entender si una empresa está creciendo o solo sobreviviendo, evaluar si el precio actual refleja el valor real o está inflado por la euforia del momento.

El análisis fundamental te ayuda a entender cuánto vale realmente una empresa mirando sus números. El análisis técnico en cambio estudia los gráficos para entender hacia dónde podría ir el precio a corto plazo. Ambos son útiles, ninguno es infalible.

La verdad sobre las acciones es esta: ofrecen el potencial de crecimiento más alto entre todos los instrumentos tradicionales, pero requieren estómago para soportar la montaña rusa del mercado. Si tienes paciencia y eliges empresas sólidas, a largo plazo las acciones tienden a recompensar. Pero si te dejas llevar por el pánico durante las caídas o por la avaricia durante las burbujas, pueden convertirse en una trampa costosa.

**Bonos: El Ingreso Predecible**

Los bonos son lo opuesto a las acciones en muchos aspectos. En lugar de convertirte en propietario, te conviertes en acreedor. Prestas tu dinero a un gobierno o a una empresa que te promete devolvértelo con intereses. Es un acuerdo claro: tú das 1000 euros hoy, ellos te dan 50 euros al año durante 10 años y luego te devuelven los 1000. Simple, predecible, ¿aburrido? No siempre.

El mundo de los bonos es más complejo de lo que parece. Primero, está el riesgo de que quien ha tomado prestado tu dinero no te lo devuelva. Los gobiernos estables como Estados Unidos o Alemania se consideran seguros, pero incluso ellos pueden tener problemas. Las empresas pueden quebrar.

Cuanto mayor es el riesgo, mayor es el interés que te ofrecen. Los "bonos basura" pagan intereses altísimos precisamente porque existe una posibilidad real de que nunca recuperes tu dinero.

Luego está el baile con los tipos de interés. Cuando los tipos suben, el valor de tus bonos baja. ¿Por qué? Simple: si tienes un bono que paga el 3% y de repente en el mercado salen nuevos que pagan el 5%, ¿quién querría comprar el tuyo? El precio debe bajar para compensar.

Esta relación inversa entre tipos y precios de los bonos es fundamental entenderla si quieres hacer trading con estos instrumentos.

Los bonos son perfectos para quien busca estabilidad e ingresos regulares. Son el colchón que amortigua las caídas cuando las acciones se desploman. Pero no esperes hacerte rico con los bonos.

Son instrumentos para preservar el capital y generar un flujo de caja constante, no para multiplicar la riqueza. En una cartera bien equilibrada, sin embargo, son indispensables.

## Criptomonedas: El Salvaje Oeste Digital

Las criptomonedas llegaron como un huracán en 2009 con Bitcoin y han revolucionado todo lo que pensábamos saber sobre el dinero. No hay un banco central que las controle, no hay un gobierno que las imprima. Son puro código informático, protegido por criptografía tan compleja que es prácticamente imposible de hackear.

Pero lo que las hace realmente revolucionarias es la blockchain, un registro público e inmutable de todas las transacciones.

Bitcoin fue el pionero, la primera verdadera moneda digital descentralizada. Ethereum añadió los contratos inteligentes, contratos que se ejecutan solos cuando se verifican ciertas condiciones. Ripple apunta a revolucionar los pagos internacionales.

Y luego hay miles de otras criptos, cada una con su promesa de cambiar el mundo. Algunas cumplirán la promesa, la mayoría desaparecerá en la nada.

La volatilidad de las criptos hace que las acciones parezcan estables como rocas. Bitcoin puede ganar o perder el 20% en un día sin que haya pasado nada particular. Esta volatilidad extrema crea oportunidades de beneficio enormes pero también riesgos de pérdidas devastadoras.

He visto personas convertirse en millonarias en pocos meses y otras perder todo en pocos días. No es un juego para débiles de corazón.

El problema principal de las criptos es que nadie sabe realmente cuánto valen. No tienen activos físicos detrás, no producen beneficios, su valor depende enteramente de cuánto la gente está dispuesta a pagar por ellas.

¿Son pura especulación? ¿Son el futuro del dinero? Probablemente un poco de ambas cosas. Si decides entrar en este mundo, hazlo con dinero que puedas permitirte perder completamente.

### Futuros: Apostar por el Mañana

Los futuros son contratos que te comprometen a comprar o vender algo a un precio preestablecido en una fecha futura. Nacieron para proteger a agricultores y productores de las fluctuaciones de precios, pero se han convertido en instrumentos de especulación potentísimos.

Con los futuros puedes apostar por todo: desde el precio del petróleo hasta el del trigo, desde los índices bursátiles hasta los tipos de interés.

La magia de los futuros está en el apalancamiento financiero. Con poco dinero controlas contratos de valor enorme. Si el mercado va a tu favor, los beneficios son espectaculares. Si va en contra, las pérdidas pueden superar todo lo que has invertido.

Es como conducir un Fórmula 1: velocidad increíble pero también riesgo extremo si no sabes lo que estás haciendo.

Los agricultores usan los futuros para fijar el precio de su cosecha meses antes de la venta. Las compañías aéreas los usan para protegerse de las fluctuaciones del precio del combustible. Pero por cada coberturista que busca protección, hay un especulador que busca beneficio.

Es este equilibrio entre quien se protege y quien especula lo que hace líquido el mercado de futuros.

Los futuros no son para principiantes. Requieren una comprensión profunda de los mercados subyacentes, disciplina férrea en la gestión del riesgo y nervios de acero para soportar la volatilidad.

Pero si los dominas, se convierten en instrumentos increíblemente versátiles para obtener beneficio de cualquier movimiento del mercado, al alza o a la baja.

**Opciones: El Derecho a Elegir**

Las opciones son quizás el instrumento más elegante y flexible que los mercados financieros hayan inventado jamás. Te dan el derecho, pero no la obligación, de comprar (call) o vender (put) algo a un precio preestablecido dentro de una cierta fecha.

Es como pagar una señal para mantener abierta una posibilidad: si te conviene la aprovechas, si no la dejas pasar y pierdes solo la señal.

Con las opciones puedes hacer prácticamente todo. Puedes proteger tu cartera de caídas repentinas comprando puts. Puedes generar ingresos extra vendiendo calls sobre las acciones que ya posees. Puedes especular sobre movimientos de precio con apalancamiento aún mayor que los futuros.

Puedes crear estrategias complejas que ganan si el mercado sube, baja o se queda quieto. La flexibilidad es casi infinita.

Pero esta flexibilidad tiene un precio: la complejidad. Las opciones tienen un valor que cambia no solo con el precio del subyacente, sino también con el tiempo que pasa, la volatilidad del mercado, los tipos de interés.

Entender todos estos factores y cómo interactúan requiere estudio y práctica. Y luego está el decaimiento temporal: cada día que pasa, una opción pierde un poco de valor hasta caducar completamente sin valor.

Las opciones pueden ser conservadoras o agresivas tanto como tú quieras. Comprar una put para proteger tus acciones es prudente. Vender calls descubiertas sobre acciones que no posees es extremadamente arriesgado.

Como siempre en el trading, el instrumento en sí no es ni bueno ni malo: todo depende de cómo lo uses. Pero si aprendes a usarlas bien, las opciones te dan un control sobre el riesgo y las oportunidades que ningún otro instrumento puede igualar.

## La Elección Correcta para Ti

Cada instrumento financiero tiene su lugar en el kit de herramientas de un trader. Las acciones para el crecimiento a largo plazo, los bonos para la estabilidad, las criptos para la especulación de alto riesgo, los futuros para el apalancamiento extremo, las opciones para la flexibilidad estratégica.

No existe el instrumento perfecto, existe el correcto para el momento correcto, para el objetivo correcto, para la persona correcta.

La tentación es lanzarse inmediatamente a los instrumentos más complejos y con más apalancamiento porque prometen ganancias mayores. Resiste. Empieza con las bases, comprende realmente cómo funcionan acciones y bonos antes de aventurarte en el territorio más peligroso de los derivados.

Cuando estés listo, estos instrumentos más sofisticados ampliarán enormemente tus posibilidades, pero si los usas sin la preparación adecuada, pueden destruirte financieramente en un abrir y cerrar de ojos.

# Capítulo 3: Empezar con el Trading Online

Ha llegado el momento. Has entendido qué son los mercados, conoces los instrumentos, y ahora quieres pasar a la acción. Este es el momento en que la teoría deja espacio a la práctica, donde las ideas se convierten en decisiones reales con dinero real.

Es emocionante y aterrador al mismo tiempo, y es correcto que sea así. Estás a punto de entrar en una arena donde se enfrentan millones de traders en todo el mundo, cada uno convencido de poder vencer al mercado. La diferencia entre quien sobrevive y quien prospera está toda en la preparación y en las decisiones que tomas precisamente ahora, al principio.

El paso de estudiante a trader no ocurre cuando colocas la primera orden. Ocurre cuando tomas las decisiones fundamentales que definirán todo tu camino: qué plataforma usar, cómo estructurar tu cuenta, qué instrumentos dominar antes de arriesgar ni siquiera un euro.

Son decisiones que parecen técnicas, casi burocráticas, pero en realidad están sentando los cimientos de lo que podría convertirse en una nueva carrera, una fuente de ingresos suplementaria, o simplemente una forma más consciente de gestionar tus inversiones.

La tentación es correr, abrir la primera cuenta que encuentres y empezar inmediatamente a comprar y vender. Resiste. El mercado seguirá ahí mañana, la semana que viene, el año que viene. Pero el dinero que pierdes por prisa e impreparación no volverá.

Cada trader de éxito te dirá lo mismo: el tiempo que dedicas a prepararte bien al principio te ahorrará años de errores costosos más adelante.

Elegir la plataforma correcta es como elegir el equipo para escalar una montaña. Claro, podrías lograrlo incluso con equipamiento deficiente, pero ¿por qué hacer todo más difícil? Una buena plataforma no es solo la que tiene las comisiones más bajas, aunque obviamente cuentan.

Es la que te ofrece las herramientas que necesitas, una interfaz que entiendes intuitivamente, un soporte al cliente que responde cuando tienes dificultades, y sobre todo la seguridad de que tu dinero está a salvo. Hay plataformas perfectas para quien empieza, con interfaces simplificadas y material educativo excelente. Hay otras pensadas para traders avanzados, llenas de funcionalidades complejas que al principio solo te confundirían.

La clave es encontrar la correcta para donde estás ahora, pero que pueda crecer contigo.

Abrir la cuenta es el momento en que todo se vuelve real. No es complicado técnicamente - subida de documentos, verificaciones de identidad, elección del tipo de cuenta - pero es el momento en que debes enfrentarte a preguntas importantes.

¿Cuánto estás dispuesto a arriesgar? ¿Qué porcentaje de tus ahorros puedes permitirte perder completamente sin que esto impacte tu vida? Porque sí, debes considerar la posibilidad de perder todo, no por pesimismo sino por realismo. El trading no es una hucha, es una actividad de riesgo donde las ganancias potenciales son proporcionales a los riesgos que corres.

Y luego están los aspectos que nadie te cuenta pero que son cruciales. Las implicaciones fiscales, por ejemplo. Cada beneficio que obtienes es tributable, y las reglas cambian de país en país. Mejor entenderlas ya que encontrarte con una mala sorpresa cuando llegue el momento de pagar impuestos.

La documentación que hay que mantener, las verificaciones periódicas de seguridad en tu cuenta, la gestión de las contraseñas y de la autenticación de dos factores. Son detalles aburridos pero fundamentales para proteger tu capital.

Pero la verdadera educación comienza cuando aprendes el lenguaje de las órdenes. Market order, limit order, stop loss, take profit: no son solo términos técnicos, son tus herramientas de precisión.

Una market order compra o vende inmediatamente al precio disponible - rápida pero no siempre al precio que querrías. Una limit order te permite decidir exactamente a qué precio comprar o vender - más control pero ninguna garantía de que la orden se ejecute.

El stop loss es tu red de seguridad, la orden que limita las pérdidas cuando el mercado va en tu contra. El take profit bloquea las ganancias cuando alcanzas tu objetivo. Parecen conceptos simples, pero usarlos bien marca la diferencia entre un trader que improvisa y uno que ejecuta una estrategia.

Luego está todo el mundo de las órdenes avanzadas. Trailing stop que siguen el precio cuando va a tu favor, órdenes OCO (one cancels other) que te permiten colocar estrategias complejas, órdenes bracket que combinan entrada, stop loss y take profit en un único comando.

No tienes que dominarlas todas de inmediato, pero saber que existen te ayuda a entender cuántas posibilidades tienes para afinar tu estrategia a medida que creces como trader.

El momento más importante sin embargo no es cuando colocas la primera orden real. Es cuando decides qué tipo de trader quieres ser. ¿Scalper que hace decenas de operaciones al día buscando pequeños beneficios? ¿Swing trader que mantiene posiciones durante días o semanas? ¿Position trader que invierte a largo plazo? ¿Day trader que cierra todo antes del cierre del mercado?

No hay una respuesta correcta, depende de tu carácter, del tiempo que tienes disponible, del capital que puedes invertir. Pero decidir esto antes de empezar te ayuda a elegir la plataforma correcta, la cuenta correcta, la formación correcta.

Este capítulo no es solo una guía práctica para empezar. Es una invitación a tomarte en serio como trader desde el primer día. No estás aquí para jugar, estás aquí para aprender una habilidad que puede cambiar tu vida.

Pero como toda habilidad seria, requiere preparación, práctica, paciencia. Los mercados han masticado y escupido a millones de aspirantes a traders que pensaban poder improvisar. Tú no serás uno de ellos, porque estás haciendo las cosas de la forma correcta.

El trading online te ofrece oportunidades que las generaciones anteriores nunca tuvieron. Acceso directo a los mercados globales, costes bajísimos, herramientas sofisticadas, formación de calidad. Pero estas oportunidades se vuelven reales solo si te acercas con seriedad y método.

Cada decisión que tomas ahora, desde la elección de la plataforma hasta la gestión del primer depósito, está construyendo los hábitos que determinarán tu éxito o fracaso como trader.

¿Estás listo para esto? Si la respuesta es sí, entonces empecemos de verdad. No con prisa o emoción desmedida, sino con la calma determinación de quien sabe que está comenzando un camino importante. Los mercados te están esperando, y ahora tienes las herramientas para enfrentarlos de la forma correcta.

# ¿Qué es una Plataforma de Trading?

La plataforma de trading es tu campo de batalla, tu sala de operaciones, el puente de mando desde donde diriges todas tus operaciones en los mercados. No es solo un software donde haces clic en "comprar" o "vender". Es el entorno que determinará si logras ver las oportunidades cuando se presentan, si puedes reaccionar lo suficientemente rápido cuando el mercado se mueve, si tienes las herramientas para analizar qué está pasando realmente detrás de los números que parpadean en la pantalla.

Piensa en la plataforma como el tablero de un coche de carreras. Claro, al final lo que cuenta es pisar el acelerador y girar el volante, pero sin los indicadores correctos no sabes a qué velocidad vas, cuánto combustible te queda, si el motor está a punto de fundirse.

Una buena plataforma te da toda esta información sobre los mercados en tiempo real: precios que se actualizan al milisegundo, gráficos que muestran patrones ocultos, noticias que pueden hacer caer o despegar un valor, indicadores que te avisan cuando algo está a punto de suceder.

Pero ¿qué puedes hacer realmente con una plataforma? Prácticamente todo. Puedes comprar acciones de Tesla mientras tomas un café, vender euros contra dólares mientras vas en el tren, invertir en oro digital o apostar por el precio del petróleo dentro de tres meses.

Acciones, bonos, criptos, forex, materias primas, futuros, opciones: cada mercado, cada instrumento está al alcance de un clic. La plataforma es el traductor universal que toma tu idea de trading y la transforma en una orden que viaja a través de los servidores hasta las bolsas de todo el mundo en fracciones de segundo.

Los datos en tiempo real son la sangre que corre por las venas de la plataforma. No estamos hablando de precios actualizados de vez en cuando, sino de un flujo continuo de información: cada transacción, cada variación de precio, cada noticia relevante.

Ves el libro de órdenes con todos los que están comprando y vendiendo en este momento, la profundidad del mercado que te dice cuánta liquidez hay, los volúmenes que te revelan si un movimiento es real o solo ruido. Sin estos datos estás ciego, con estos datos empiezas a ver el mercado como lo ven los profesionales.

Las herramientas de análisis transforman estos datos en bruto en inteligencia utilizable. Medias móviles que te muestran la tendencia, RSI que te dice si algo está sobrecomprado, bandas de Bollinger que señalan cuando la volatilidad está a punto de explotar.

Y luego están los gráficos: velas japonesas que cuentan historias de batalla entre compradores y vendedores, patrones que se repiten desde hace décadas, niveles de soporte y resistencia que funcionan como campos magnéticos para los precios. La plataforma pone a tu disposición arsenales de herramientas que antes estaban reservadas solo para los grandes bancos de inversión.

La personalización es lo que transforma una plataforma genérica en TU herramienta de trading. Puedes organizar las pantallas como quieras: el gráfico principal en el centro, las listas de seguimiento a la derecha, las noticias abajo, el portfolio a la izquierda.

Puedes crear plantillas diferentes para estrategias diferentes: una para el day trading frenético, una para el análisis profundo del fin de semana, una para monitorizar tus inversiones a largo plazo. Colores, tamaños, alarmas sonoras: todo se adapta a tu forma de hacer trading.

La automatización es donde la tecnología muestra realmente los músculos. Puedes programar la plataforma para comprar automáticamente cuando un valor rompe una resistencia, vender cuando baja de un soporte, cerrar la mitad de la posición cuando alcanzas cierto beneficio y dejar correr el resto.

Trading algorítmico, expert advisors, estrategias automáticas: ya no tienes que estar pegado a la pantalla todo el día. La plataforma trabaja para ti incluso mientras duermes, ejecutando tu estrategia con una disciplina que ningún humano podría mantener.

Pero atención: una plataforma potente en manos equivocadas es como dar un Ferrari a quien no sabe conducir. Cuantas más funcionalidades tienes, más formas tienes de cometer errores costosos.

¿Ese apalancamiento 30x que te permite controlar 30.000 euros con solo 1.000? Puede multiplicar los beneficios pero también vaciar la cuenta en minutos. ¿Esas órdenes complejas que parecen ciencia ficción? Si no sabes exactamente qué hacen, pueden abrir posiciones que no querías o cerrar operaciones ganadoras demasiado pronto.

La plataforma ideal para ti depende de quién eres como trader. Si estás empezando, mejor algo simple e intuitivo con buenos tutoriales integrados. Si eres un veterano, querrás todas las herramientas avanzadas posibles.

Si haces scalping, la velocidad de ejecución lo es todo. Si inviertes a largo plazo, el análisis fundamental es más importante que los gráficos por minuto. No existe la plataforma perfecta en absoluto, existe la perfecta para tu estilo y tus necesidades.

La verdad es que la plataforma es mucho más que un software. Es tu cuartel general, tu laboratorio, tu ventana a los mercados globales. Elegirla bien y aprender a usarla al máximo puede marcar la diferencia entre navegar los mercados con seguridad y chapotear en la oscuridad.

No subestimes nunca la importancia de conocer a fondo cada función, cada atajo, cada truco de tu plataforma. Es la inversión más importante que harás después de la que hagas en tu formación.

## ¿Cuál es el Propósito de una Plataforma de Trading?

Ahora que sabes qué es una plataforma de trading, la pregunta se convierte en: ¿para qué sirve realmente? No en el sentido obvio de "sirve para hacer trading", sino en el sentido profundo de cómo transforma completamente tu relación con los mercados financieros.

La plataforma no es solo el medio, es lo que hace posible lo imposible: un solo individuo que compite en igualdad con instituciones multimillonarias, que accede a los mismos mercados, a los mismos precios, a menudo con herramientas aún más sofisticadas.

El primer gran propósito es el acceso global instantáneo. Mientras duermes, los mercados asiáticos están en plena actividad. Cuando desayunas, Londres lleva ya horas operando. Por la tarde se abre Wall Street.

La plataforma te conecta a este flujo continuo global, permitiéndote comprar acciones japonesas desde tu sofá español, operar en forex mientras el mundo duerme, invertir en materias primas australianas sin salir de casa. No es solo comodidad, es la abolición total de las barreras geográficas que durante siglos han limitado las inversiones a los ricos con conexiones internacionales.

Pero el acceso no vale nada sin velocidad, y aquí la plataforma se vuelve crucial. En los mercados modernos, un segundo puede marcar la diferencia entre beneficio y pérdida. La plataforma toma tu decisión y la transforma en una orden ejecutada en milisegundos.

No solo eso: a través de órdenes condicionales puedes programar reacciones automáticas. ¿El precio toca tu objetivo? Vendido. ¿Baja de tu stop loss? Cerrado. Todo mientras tú estás haciendo otra cosa. Es como tener un asistente que nunca duerme y nunca se equivoca al ejecutar tus instrucciones.

La inteligencia de mercado que te proporciona la plataforma es lo que separa el juego de azar del trading real. No estás apostando a ciegas, estás tomando decisiones basadas en montañas de datos procesados y presentados de forma que puedas entenderlos.

Volumen de intercambios que te dice si un movimiento es real o ficticio, profundidad del mercado que revela dónde se esconden las grandes órdenes, correlaciones entre activos que muestran oportunidades de arbitraje. Información que antes costaba miles de euros al mes ahora está incluida en tu plataforma base.

La gestión de la cartera en tiempo real es otro cambio radical total. Ya no tienes que hacer cálculos en papelitos o en Excel para saber cómo te está yendo. La plataforma te muestra instantáneamente tu P&L global, la exposición por sector, la correlación entre tus posiciones, el riesgo agregado.

Puedes ver si estás demasiado concentrado en un solo mercado, si tus coberturas están funcionando, si es momento de reequilibrar. Es como tener un gestor de riesgos personal que trabaja 24/7.

Ahora, la elección de la plataforma correcta no es cuestión de tomar la que tiene más funciones o la más económica. Es cuestión de encontrar la que se alinea perfectamente con tu estilo de trading y tus objetivos. Y para hacerlo, debes hacerte las preguntas correctas.

Primera pregunta: ¿qué mercados quieres operar? Si te interesan solo las criptos, una plataforma especializada como Binance o Coinbase Pro podría ser perfecta. Pero si quieres diversificar entre acciones, forex y materias primas, necesitas algo más completo como MetaTrader o TradingView.

No tiene sentido pagar por el acceso a mercados que nunca usarás, pero tampoco quieres encontrarte limitado cuando decidas expandir tus horizontes.

Segunda pregunta fundamental: ¿cuán técnico eres? Si la idea de programar un bot de trading te entusiasma, busca plataformas con APIs robustas y lenguajes de scripting integrados. Si en cambio solo quieres colocar órdenes simples, no te compliques la vida con plataformas pensadas para traders cuantitativos.

La complejidad no es un valor en sí misma, más bien puede ser un obstáculo si no la aprovechas.

La interfaz es más importante de lo que piensas. Pasarás horas delante de esas pantallas, y una interfaz confusa o mal diseñada no solo ralentiza tus operaciones sino que aumenta el estrés y los errores. Prueba siempre la demo antes de depositar dinero real.

Si después de una semana todavía no encuentras intuitivo dónde están las cosas, probablemente no es la plataforma para ti.

El trading móvil en 2025 ya no es opcional, es esencial. Los mercados no se detienen cuando estás fuera de casa, y las oportunidades no esperan a que vuelvas al escritorio. Pero atención: la app móvil no debe ser una versión castrada de la plataforma de escritorio.

Debe permitirte hacer todo lo que harías desde el ordenador, quizás con una interfaz adaptada pero sin limitaciones funcionales.

Y ahora hablemos de lo que realmente no es negociable: la seguridad. Estás a punto de confiar a esta plataforma tu dinero, tus datos personales, tus estrategias de trading. La seguridad no puede ser una idea tardía.

La plataforma debe estar regulada por autoridades serias (FCA en Reino Unido, CySEC en Europa, SEC en Estados

Unidos), debe ofrecer segregación de fondos de clientes, debe tener sistemas de autenticación de dos factores, encriptación de nivel bancario, y un historial limpio sin hackeos o problemas graves.

Pero la seguridad va más allá de la tecnología. ¿Cómo gestionan los problemas cuando suceden? Porque sucederán, garantizado.

¿Su soporte al cliente responde en tiempo real o tienes que esperar días por un email? ¿Han compensado a los clientes cuando ha habido problemas técnicos durante momentos críticos del mercado?

Lee las reseñas, busca en los foros, descubre cómo se comportan cuando las cosas van mal, no solo cuando todo va bien.

Cuando evalúes los costes, no mires solo las comisiones por operación. Hay spreads que considerar, costes de mantenimiento de cuenta, comisiones por retiradas, costes por datos en tiempo real, comisiones overnight para posiciones con apalancamiento.

Una plataforma que parece gratuita puede costarte más que una con comisiones transparentes pero honestas. Haz cuentas sobre cuánto operarás realísticamente y calcula el coste total anual, no por operación individual.

La formación integrada puede valer oro. Algunas plataformas ofrecen webinars gratuitos, análisis de mercado diarios, tutoriales avanzados.

Si estás empezando, este valor añadido puede marcar la diferencia entre aprender cometiendo errores costosos y aprender de forma estructurada. Aunque seas experto, el acceso a investigación profesional y análisis de calidad puede darte ventajas competitivas que valen mucho más que las comisiones ahorradas.

La verdad es que la plataforma perfecta no existe. Existe la perfecta para ti, en este momento de tu camino como trader. A medida que crezcas como trader, tus necesidades cambiarán, y está bien así.

Lo importante es elegir conscientemente, entendiendo no solo lo que necesitas hoy sino también dónde quieres llegar mañana. La plataforma es tu compañera en este viaje, elígela como elegirías un socio de negocios: con atención, diligencia y pensando en el largo plazo.

# Apertura de una Cuenta de Trading: Pasos y Requisitos

Ha llegado el momento de abrir tu primera cuenta de trading. ¿Sientes esa adrenalina? Es normal. Estás a punto de cruzar la puerta que separa a quien habla de trading de quien realmente lo hace. Pero antes de correr, respira. Este proceso, que puede parecer burocrático y aburrido, en realidad está protegiendo a ti y a tu dinero. Cada documento solicitado, cada verificación, cada paso tiene un motivo preciso, y entenderlo te ayudará a navegar el proceso sin contratiempos.

La elección del broker ya está hecha a estas alturas, ¿verdad? Si no lo está, vuelve atrás. No abras una cuenta con el primer broker que encuentres solo porque promete bonos o cero comisiones. El broker será tu compañero durante años, elígelo como elegirías un socio de negocios: con atención maníaca a los detalles. Regulación seria, reseñas verificables, historial limpio. Sin atajos.

El formulario de inscripción online parece inocuo pero es tu primera prueba de honestidad contigo mismo. Te preguntarán tu experiencia de trading, tus objetivos, tu situación financiera. La tentación de exagerar es fuerte - ¿quién quiere admitir que es un principiante total? Pero mentir aquí es contraproducente. El broker usa esta información para ofrecerte las herramientas correctas y protegerte de productos demasiado arriesgados para tu nivel. Si dices que eres experto cuando no lo eres, podrías encontrarte con acceso a apalancamientos peligrosos que pueden vaciar tu cuenta en minutos.

El KYC (Know Your Customer) no es paranoia del broker, es ley. Documento de identidad, prueba de residencia, a veces incluso un selfie con el documento en la mano. Sí, parece excesivo, pero ¿preferirías un broker que deja entrar a cualquiera sin verificaciones? Estos controles protegen tu cuenta de accesos no autorizados y mantienen alejados a los criminales del sistema financiero. Prepara los documentos por adelantado: pasaporte o DNI, factura reciente o extracto bancario. Archivos claros, legibles, no fotos borrosas hechas con el móvil.

El depósito inicial es donde muchos se equivocan en el primer cálculo. No es cuestión de cuánto el broker requiere como mínimo, sino de cuánto tú puedes permitirte perder. Y sí, debes considerar la posibilidad de perder todo. No la hipoteca, no el dinero para la universidad de los hijos, no el fondo de emergencias. Dinero que, si desapareciera mañana, no cambiaría tu vida. Empieza pequeño, aunque tengas más. Siempre hay tiempo para aumentar cuando hayas demostrado a ti mismo que sabes lo que estás haciendo.

Los métodos de depósito tienen pros y contras que nadie te cuenta. ¿Tarjeta de crédito? Rápida pero a menudo con límites bajos y a veces los bancos la consideran como adelanto de efectivo con intereses inmediatos. ¿Transferencia bancaria? Segura pero lenta y con comisiones bancarias. ¿PayPal o Skrill? Cómodos pero no todos los brokers los aceptan y a menudo tienen comisiones ocultas. ¿Criptos? Velocísimas pero añades volatilidad a la volatilidad. Elige según tus prioridades: velocidad, coste o seguridad.

Cuando finalmente accedes a la plataforma con dinero real, la tentación es empezar inmediatamente a operar. Detente. Este es el momento de explorar cada menú, cada botón, cada función. ¿Dónde están los stop loss? ¿Cómo se coloca una orden límite? ¿Cómo se lee el libro de órdenes? ¿Dónde encuentro el historial de transacciones? Haz todo esto ANTES de arriesgar un céntimo. La mayoría de los brokers ofrecen una cuenta demo idéntica a la real. Úsala hasta la saciedad. Comete errores gratis en lugar de a precio alto.

Los recursos educativos del broker no son publicidad, son inversiones en tu formación. Webinars sobre los mercados, tutoriales sobre la plataforma, análisis diarios: consúmelos como si fueran Netflix. Cada hora dedicada a aprender te ahorrará cientos de euros en errores estúpidos. Y no te quedes solo con los recursos de tu broker. YouTube, foros, libros: el mundo está lleno de formación gratuita de calidad. El problema no es encontrarla, es tener la disciplina de estudiarla.

Los órdenes son tu lenguaje para comunicarte con el mercado. Como en cualquier idioma, puedes arreglártelas con pocas palabras básicas, pero para expresarte realmente debes dominar los matices. Y en el trading, los matices marcan la diferencia entre beneficio y pérdida.

### Market Order: La Fuerza Bruta

La market order es el martillo en tu caja de herramientas: simple, potente, inmediata. "Compra AHORA" o "Vende AHORA" al precio que haya. Perfecta cuando ves un breakout y necesitas entrar de inmediato, o cuando una noticia negativa te dice que salgas inmediatamente. Pero atención al slippage: en mercados volátiles o poco líquidos, el precio que obtienes puede ser muy diferente del que veías en la pantalla. He visto traders perder cientos de euros de slippage en una sola market order hecha en el momento equivocado.

La regla de oro: usa market order solo cuando la velocidad es más importante que el precio. Si estás comprando para mantener durante meses, ¿qué diferencia hay entre entrar a 10.50 en lugar de 10.48? Pero si estás haciendo scalping y cada céntimo cuenta, la market order puede comerte todo el beneficio.

## Limit Order: El Francotirador

La limit order es precisión quirúrgica. "Compra SOLO si baja a 10.20" o "Vende SOLO si sube a 10.80". Es la forma de entrar exactamente donde tú quieres, de comprar en los soportes y vender en las resistencias. Pero el precio podría no llegar nunca, y tú te quedas mirando cómo el tren parte sin ti. ¿Frustrante? Sí. Pero mejor perder una oportunidad que entrar mal en una operación.

Los traders profesionales viven de limit orders. Colocan niveles donde saben que habrá liquidez, donde los algoritmos reaccionan, donde la psicología del mercado crea oportunidades. No es cuestión de adivinar, es cuestión de observar los patrones y colocar las trampas en los lugares correctos.

## Stop Loss: Tu Salvavidas

El stop loss no es una admisión de derrota, es gestión profesional del riesgo. Es decidir ANTES de entrar cuánto estás dispuesto a perder, y respetarlo. "Si baja de 9.80, salgo y limito la pérdida al 2%". Sin stop loss eres un jugador de azar, no un trader.

Pero ¿dónde colocarlo? Demasiado cerca y las oscilaciones normales te sacan. Demasiado lejos y cuando salta has perdido una fortuna. La respuesta está en la volatilidad del activo y en tu estrategia. Un day trader podría poner el stop al 0.5%, un position trader al 10%. No hay correcto o incorrecto, hay coherente o incoherente con tu estrategia.

El problema psicológico del stop loss es real. Verlo acercarse es como mirar un accidente a cámara lenta. La tentación de moverlo "solo un poco más abajo" es fortísima. No lo hagas. Nunca. El stop loss funciona solo si lo respetas. Moverlo mientras la operación está abierta es como quitarte el casco mientras la moto está cayendo.

El stop limit es la evolución del stop loss. No solo sales si el precio baja, sino que controlas también a qué precio mínimo aceptas vender. Útil en mercados poco líquidos donde un stop loss normal podría ejecutarse a precios absurdos durante un flash crash. Pero atención: en caídas rápidas podría no ejecutarse en absoluto, dejándote dentro mientras el mercado se precipita.

La verdad sobre las órdenes es que son herramientas. Un martillo no te convierte en carpintero, y conocer todos los tipos de órdenes no te convierte en trader. Pero no conocerlas es como intentar construir una casa con las manos desnudas.

Empieza con market y limit, añade los stop loss cuando hayas entendido tu estrategia, evoluciona hacia órdenes más complejas cuando la experiencia te lo permita.

Y recuerda: cada orden que colocas es una decisión que debe tener una lógica detrás. Si no sabes explicar por qué estás usando ese tipo de orden, probablemente estás usando la equivocada.

Take Profit y Stop Loss: Tu Red de Seguridad y Tu Objetivo

El gráfico ilustra la aplicación de las órdenes Take Profit y Stop Loss en un contexto de trading, utilizando dos escenarios distintos que se verifican después de la apertura de una posición al precio de $8.

## El Precio Sube (Escenario 'Take Profit')

Si el precio del activo aumenta hasta alcanzar el nivel de $9, entra en juego la orden Take Profit. Esta orden permite cerrar automáticamente la posición, garantizando las ganancias realizadas.

En el gráfico, el nivel Take Profit está representado por una flecha que apunta hacia arriba y un punto que indica el precio objetivo ($9). Este es el punto de salida óptimo para maximizar los beneficios, establecido por el trader en el momento de la apertura de la posición.

## El Precio Baja (Escenario 'Stop Loss')

En el caso de que el precio del activo empiece a bajar y alcance el nivel de $7, la orden Stop Loss se activa. Este mecanismo cierra automáticamente la posición para limitar las pérdidas y proteger el capital.

En el gráfico, el nivel Stop Loss está indicado por una flecha que apunta hacia abajo y un punto que marca el nivel de protección ($7). Este nivel representa el límite inferior de pérdida aceptable establecido por el trader.

## Significado de las Órdenes 'Take Profit' y 'Stop Loss'

**Take Profit:** Actúa como una estrategia para consolidar las ganancias cuando el mercado se mueve a favor del trader.

**Stop Loss:** Funciona como una red de seguridad para prevenir pérdidas excesivas en caso de movimientos adversos del mercado.

Supongamos que has comprado una acción al precio de $8:

1. Si el precio sube a $9, tu Take Profit se activa automáticamente, garantizando tu ganancia sin necesidad de intervención manual.

2. Si el precio baja a $7, tu Stop Loss protege tu capital cerrando la posición para evitar ulteriores pérdidas.

## Estrategias de Aplicación

La elección del tipo de orden en el trading online depende de varios factores, entre ellos los objetivos de inversión, la tolerancia al riesgo, las condiciones de mercado y la estrategia de trading. A continuación se ilustran algunos escenarios específicos en los que cada tipo de orden resulta particularmente útil.

## Órdenes de Mercado

Ideales cuando la velocidad de ejecución tiene prioridad sobre el precio exacto de ejecución.

Por ejemplo, si una empresa anuncia una alianza estratégica que debería aumentar significativamente el valor de sus acciones, podrías querer comprar inmediatamente antes de que los precios suban aún más. En este caso, una orden de mercado te permite entrar en la posición lo más rápidamente posible.

## Órdenes Límite

Preferidas cuando se desea tener control sobre los precios de entrada o salida, incluso a costa de sacrificar la inmediatez de la ejecución. Si estás monitorizando una acción que consideras sobrevalorada y prevés una corrección inminente, podrías establecer una orden límite de venta al precio actual más alto, especulando con que el mercado alcanzará ese precio antes de invertir la tendencia.

## Órdenes Stop-Loss

Esenciales para la gestión del riesgo, especialmente en mercados volátiles. Si has comprado acciones de una empresa tecnológica en rápido crecimiento pero deseas protegerte de caídas repentinas, un stop-loss te permite definir la pérdida máxima que estás dispuesto a tolerar.

Tu análisis estratégico de órdenes límite y stop-loss puede crear un plan de entrada y salida eficaz que equilibre el potencial de beneficio con la protección del riesgo.

Supongamos que quieres comprar una acción que, según tu análisis, tiene un fuerte potencial de crecimiento pero actualmente está atravesando una corrección:

- Puedes establecer una orden límite para comprar la acción a un precio inferior al actual, especulando con que el precio bajará aún más antes de recuperarse.

- Simultáneamente, establece una orden stop-loss para vender la acción si el precio baja por debajo de cierto nivel, limitando tus pérdidas en caso de que tu previsión resulte errónea.

**Impacto de la Volatilidad del Mercado**

La volatilidad del mercado es un factor crítico que influye en la elección y la eficacia de las órdenes. Durante períodos de alta volatilidad, las órdenes de mercado podrían exponerte a un notable slippage, mientras que las órdenes límite podrían no ejecutarse si el precio se mueve demasiado rápidamente.

En tales circunstancias, puede ser sabio utilizar órdenes límite para entrar en posiciones a un precio predeterminado y órdenes stop-loss para proteger el capital.

La disciplina es fundamental en el trading, y el uso de órdenes preestablecidas puede ayudar a prevenir decisiones emocionales que podrían comprometer tu estrategia de trading. Estableciendo órdenes límite y stop-loss por adelantado, en conformidad con tu plan de trading, puedes mantener tu estrategia incluso durante situaciones de mercado estresantes.

Este enfoque te ayuda a concentrarte en tus objetivos a largo plazo en lugar de reaccionar impulsivamente a las fluctuaciones del mercado.

# Capítulo 4: Comprender el Mercado de Valores y el Forex

Hasta ahora hemos hablado de instrumentos y plataformas. Ahora entramos en lo vivo: los dos gigantes del trading mundial. El mercado de valores y el Forex no son solo mercados diferentes, son mundos diferentes con reglas, ritmos y personalidades completamente distintas. Entender cuál es para ti, o cómo equilibrarlos en tu trading, puede marcar la diferencia entre encontrar tu entorno ideal y chapotear en aguas que no te pertenecen.

El mercado de valores es como una ciudad que se despierta, trabaja y se va a dormir. Tiene sus horarios, sus rituales, sus pausas para el café. El Forex en cambio es una metrópolis global que nunca duerme, donde mientras tú descansas alguien al otro lado del mundo está moviendo miles de millones. No es cuestión de cuál sea mejor, sino de entender cómo funcionan y dónde te sientes más cómodo.

Elegir entre estos dos mundos, o decidir navegar ambos, no es una decisión que tomar a la ligera. Es como elegir entre mar y montaña para vivir: ambos ofrecen belleza y oportunidades, pero requieren equipamientos diferentes, preparaciones diferentes, mentalidades diferentes. El trader que destaca leyendo balances empresariales podría encontrarse completamente perdido ante los gráficos del Forex. Aquel que sabe interpretar perfectamente las políticas de los bancos centrales podría no entender nada de ratios PER o de EBITDA.

Este capítulo te dará el mapa de ambos territorios, mostrándote ventajas, desventajas y oportunidades. En el trading la consciencia es poder: saber dónde pones los pies y entender qué mueve los precios marca la diferencia entre navegar con seguridad o ser arrastrado por la corriente.

Prepárate para descubrir dos universos fascinantes. Después de este capítulo podrás tomar una decisión informada, las únicas que en el trading llevan al éxito.

## Diferencias entre el Mercado de Valores y el Forex

Cuando compras una acción, estás comprando un pedazo de una empresa real. No es solo un número en una pantalla, es una fracción de propiedad con todos los derechos que conlleva: votos en las asambleas, dividendos si la empresa los distribuye, y sobre todo la participación directa en el éxito o el fracaso de ese negocio. Es tangible de una forma que otros mercados no son. ¿Apple vende más iPhones? Tus acciones de Apple valen más. ¿Tesla revoluciona el transporte? Eres parte de esa revolución.

El mercado de valores tiene un ritmo definido. Las bolsas abren y cierran, creando momentos de intensa actividad. La apertura de Wall Street a las 15:30 hora española es como el inicio de una carrera: volúmenes altísimos, volatilidad extrema, oportunidades y trampas por todas partes. El cierre es la última embestida donde todos buscan posicionarse para el día siguiente. Entre estos dos momentos, el mercado respira, se calma, a veces casi se duerme. Este ritmo crea patrones predecibles que los traders experimentados explotan desde hace décadas.

Pero lo que realmente mueve las acciones son los fundamentos de la empresa. Los informes trimestrales son como boletines de notas que el mercado juzga sin piedad. Un céntimo por debajo de las expectativas y el valor se desploma. Dos céntimos por encima y se dispara. Pero no es solo cuestión de números: es la historia que la empresa cuenta, la visión del CEO, los nuevos productos en desarrollo, la capacidad de adaptarse a los cambios del mercado. Warren Buffett no se convirtió en uno de los hombres más ricos del mundo haciendo day trading, sino comprando empresas que entendía y manteniéndolas durante décadas.

## El Forex: La Batalla de las Economías

El Forex es completamente diferente. No estás comprando nada tangible, estás apostando por la fuerza relativa de dos economías. EUR/USD no es solo un precio, es el resultado de una competición continua entre la Eurozona y Estados Unidos. Cada dato económico, cada decisión política, cada crisis o boom se refleja inmediatamente en ese número que fluctúa frente a tus ojos.

El Forex nunca cierra. El domingo por la noche se abre en Nueva Zelanda, luego rueda a través de Asia, Europa, las Américas, sin detenerse jamás hasta el viernes por la noche en Nueva York. Esta continuidad crea oportunidades únicas pero también un estrés único. Puedes irte a dormir en beneficio y despertarte en pérdida porque el Banco de Japón hizo un anuncio a las 3 de la madrugada tu hora. Es emocionante pero agotador.

Los volúmenes del Forex son simplemente estratosféricos: más de 7 billones de dólares al día en 2024. Para poner en perspectiva, todo el mercado de valores estadounidense mueve unos 200 mil millones al día. Esta liquidez enorme significa que puedes entrar y salir de posiciones masivas sin mover el mercado, pero también significa que fuerzas gigantescas están siempre en juego. Los bancos centrales pueden intervenir con miles de millones, los fondos soberanos pueden desplazar las divisas con sus asignaciones.

El apalancamiento en el Forex es un arma de doble filo afiladísima. Apalancamientos de 20:1, 30:1 son comunes en Europa. Con 1000 euros controlas 30.000 euros de divisa. Un movimiento del 3% a tu favor y has duplicado el dinero. Un movimiento del 3% en contra y estás liquidado. No es inversión, es guerra financiera a alta velocidad.

## Los Drivers: Qué Mueve Realmente los Precios

En el mercado de valores, los resultados son el rey. Pero no solo los números en bruto. Es el "guidance" - lo que la empresa prevé para el futuro - lo que a menudo mueve más el precio. Una empresa puede superar las estimaciones pero si rebaja las previsiones, se desploma igualmente. Es psicología pura: el mercado compra el futuro, no el pasado.

La innovación es el otro gran motor. Cuando Apple presentó el iPhone en 2007, no solo estaba lanzando un producto, estaba redefiniendo toda una industria. Quien entendió esto y compró, vio sus acciones multiplicarse por 20. Pero por cada Apple hay cien empresas que prometen revoluciones y entregan decepciones. Distinguir la señal del ruido es el arte del stock picking.

En el Forex, los bancos centrales son los dioses del Olimpo. Cuando Jerome Powell (Fed) o Christine Lagarde (BCE) hablan, el mercado se detiene a escuchar. Una insinuación de tipos más altos y el dólar se dispara. Una sugerencia de estímulo y el euro se desploma. Pero no es solo lo que dicen, es cómo lo dicen. El tono, las pausas, incluso las expresiones faciales se analizan como jeroglíficos egipcios.

Los datos macro son el pan de cada día del Forex. Non-farm payrolls estadounidenses el primer viernes del mes, inflación, PIB, balanza comercial: cada publicación es un evento que puede mover las divisas cientos de pips en segundos. Los traders profesionales tienen calendarios económicos siempre abiertos, saben exactamente cuándo salen los datos y se posicionan en consecuencia. O se quedan fuera: a veces la jugada más inteligente es no jugar.

**Volatilidad: ¿Amiga o Enemiga?**

La volatilidad en el mercado de valores tiende a estar "impulsada por eventos". Una empresa anuncia un nuevo producto, sufre un hackeo, el CEO dimite: boom, volatilidad. Esto la hace en cierto modo predecible. Sabes cuándo saldrán los resultados, puedes prepararte. Los patrones estacionales existen realmente: el "efecto enero", el "vende en mayo y vete", no son siempre fiables pero existen.

En el Forex, la volatilidad es más constante pero también más sutil. Los pares principales como EUR/USD pueden parecer tranquilos durante días, moviéndose 20-30 pips, luego explotar en movimientos de 200 pips en una hora. Los pares exóticos son aún peor: intentar operar con USD/TRY (lira turca) es como montar un toro mecánico enloquecido.

Los horarios importan enormemente para la volatilidad. El solapamiento entre Londres y Nueva York (de 14:00 a 18:00 hora española) es cuando el Forex se vuelve realmente salvaje.

Para las acciones, los primeros y últimos 30 minutos de trading son donde sucede la mayor parte de la acción. Conocer estos patrones no garantiza beneficios, pero ignorarlos garantiza problemas.

**Casos de Estudio: La Teoría en la Práctica**

Tomemos GameStop en 2021. Una acción olvidada de una cadena de tiendas en declive que de repente se dispara de $20 a $400 en pocos días. No había fundamentos que justificaran este movimiento, solo una batalla épica entre hedge funds que estaban en corto y traders minoristas organizados en Reddit. Quien entendió la dinámica y salió a tiempo hizo fortuna. Quien creyó que era el inicio de una revolución lo perdió todo. El mercado de valores puede permanecer irracional mucho más tiempo del que tú puedes permanecer solvente.

O miremos el desplome de la libra en 2022. Cuando el gobierno británico anunció recortes fiscales no financiados, la libra se desplomó a mínimos históricos contra el dólar en días. Los traders de Forex que leyeron correctamente la situación y pusieron en corto GBP/USD obtuvieron los beneficios del año en una semana. Pero muchos que intentaron "comprar la caída" pensando que la libra estaba sobrevendida fueron arrasados. En el Forex, luchar contra la tendencia macro es suicidio financiero.

**La Elección: ¿Dónde Te Posicionas?**

No tienes que elegir solo uno. Muchos traders de éxito operan en ambos, usando las acciones para inversiones a largo plazo y crecimiento estable, el Forex para trading rápido y beneficios a corto plazo. Pero debes entender que requieren mentalidades diferentes, estrategias diferentes, gestión del riesgo diferente.

Si tienes un trabajo a tiempo completo, el mercado de valores con sus horarios definidos podría ser más manejable. Puedes analizar por la noche, colocar órdenes para la apertura, revisar al mediodía. El Forex requiere más atención constante o sistemas automatizados fiables.

Si te encanta analizar empresas, leer balances, entender modelos de negocio, las acciones son tu territorio. Si prefieres la macroeconomía, las dinámicas geopolíticas, los flujos de capital globales, el Forex te hablará más.

La verdad es que ambos mercados ofrecen oportunidades enormes para quien los entiende y los respeta. Y ambos pueden destruir a quien los subestima o los afronta sin preparación. La clave no es elegir el mercado "correcto", sino elegir el correcto para ti, para tu estilo, para tus objetivos, para tu vida. Y luego estudiarlo, practicarlo, vivirlo hasta que se convierta en parte de ti.

# Caso de Estudio Comparativo: La Crisis de 2008 - Dos Mercados, Dos Historias

Para entender realmente cómo el mercado de valores y el Forex reaccionan de forma diferente a los mismos eventos, no hay mejor ejemplo que la crisis financiera de 2008. Fue una tormenta perfecta que mostró el verdadero carácter de ambos mercados, creando fortunas y destruyendo patrimonios de formas completamente diferentes.

## El Desplome Bursátil: Lehman Brothers y el Dominó Bancario

El 15 de septiembre de 2008, Lehman Brothers declaró la quiebra. No fue solo el fracaso de un banco, fue el momento en que el mundo se dio cuenta de que nadie era demasiado grande para caer. El mercado de valores reaccionó con puro terror. El Dow Jones perdió 504 puntos en un día, en ese momento la mayor caída en puntos de la historia. Pero era solo el principio.

En los 18 meses siguientes, el S&P 500 se desplomó un 57% desde su pico. Piensa en lo que significa: más de la mitad del valor del mercado de valores estadounidense se evaporó. Empresas sólidas con balances sanos veían sus acciones desplomarse solo por asociación. Apple, que hoy vale 3 billones, bajó a $11 por acción (ajustado por splits). Bank of America pasó de $50 a $3. Citigroup, uno de los bancos más grandes del mundo, tocó $0.97.

Pero aquí está el punto crucial para entender el mercado de valores: el desplome fue progresivo, no instantáneo. Se necesitaron meses para tocar fondo en marzo de 2009. Esto dio tiempo a quien entendió la situación para salir, aunque con pérdidas. Pero también dio la ilusión a muchos de que cada caída era una oportunidad de compra. "Compra cuando hay sangre en las calles" funciona, pero solo si sabes cuándo la sangre dejará de fluir.

Quien tuvo nervios de acero y liquidez hizo negocios del siglo. Warren Buffett invirtió $5 mil millones en Goldman

Sachs con condiciones leoninas que le reportaron miles de millones. Quien compró el S&P 500 en marzo de 2009 y mantuvo hasta 2019 quintuplicó el dinero. Pero por cada historia de éxito, hay cientos de jubilados que vieron sus ahorros reducirse a la mitad y vendieron presa del pánico en el punto más bajo.

## La Reacción Forex: El Dólar Como Puerto Seguro

En el Forex, la historia fue completamente diferente y mucho más rápida. Cuando estalló la crisis, el primer instinto fue la huida hacia la seguridad. Y en el mundo de las divisas, seguridad significa dólar estadounidense. Parece paradójico: la crisis comenzó en Estados Unidos, y sin embargo todos querían dólares. Pero es la lógica del Forex: en el pánico, todos corren hacia la divisa más líquida y fiable.

El EUR/USD, que había tocado 1.60 en julio de 2008, se desplomó a 1.23 en solo seis semanas después de Lehman. Un movimiento del 23% en un par principal en tan poco tiempo es sísmico. Quien tenía posiciones largas en el euro con apalancamiento fue arrasado en días, a veces horas. Un trader con apalancamiento 100:1 que estaba largo en EUR/USD lo perdió todo con un movimiento del 1% en la dirección equivocada.

Pero el verdadero drama fue en las divisas emergentes y las commodity currencies. El AUD/USD (dólar australiano) pasó de 0.98 a 0.60 en cuatro meses. El GBP/USD se desplomó de 2.11 a 1.35. Quien puso en corto estas divisas contra el dólar obtuvo beneficios estratosféricos. George

Soros, que ya había "roto" el Banco de Inglaterra en 1992, ganó otros miles de millones apostando contra la libra.

La velocidad fue brutal. En el mercado de valores tenías tiempo de pensar, de consultarte, de esperar a la apertura del día siguiente. En el Forex, mientras dormías podías perderlo todo. El flash crash de la libra en octubre de 2016 (relacionado con Brexit, pero dinámica similar) vio al GBP/USD perder el 6% en dos minutos a las 7:09 de la mañana hora de Singapur. Dos minutos. Quien tenía stop loss se salvó. Quien no los tenía se despertó arruinado.

**Las Políticas de Intervención: Dos Enfoques Diferentes**

La respuesta de las autoridades mostró otra diferencia fundamental entre los dos mercados. Para salvar el mercado de valores, la Fed y el gobierno estadounidense lanzaron TARP, QE, stress tests bancarios. Se necesitaron años, billones de dólares, cambios regulatorios masivos. El mercado de valores es como un gran barco: se necesita tiempo para hundirlo, pero también tiempo para reflotarlo.

En el Forex, los bancos centrales intervinieron directa e inmediatamente. El Banco Nacional Suizo puso un suelo en EUR/CHF a 1.20, diciendo esencialmente "no permitiremos que el franco se fortalezca más allá de este punto". El Banco de Japón intervino repetidamente para debilitar el yen. Estas intervenciones movían las divisas cientos de pips en minutos. Un anuncio, boom, el mercado giraba.

Pero cuando en enero de 2015 el SNB eliminó repentinamente el suelo en EUR/CHF, fue el caos. EUR/CHF se desplomó un 30% en minutos. Brokers quebraron. Traders que pensaban estar protegidos por el suelo perdieron millones. FXCM, uno de los mayores brokers Forex retail, tuvo que ser rescatado. Alpari UK quebró. El mensaje fue claro: en el Forex, incluso las "garantías" de los bancos centrales pueden evaporarse sin previo aviso.

## Las Lecciones: Diferentes Mercados, Diferentes Estrategias

Lo que la crisis de 2008 enseñó es que el mercado de valores y el Forex no son solo mercados diferentes, son universos diferentes que requieren enfoques completamente diferentes.

En el mercado de valores, el buy and hold puede funcionar si tienes el estómago para soportar caídas del 50% y años para recuperarte. Las empresas sólidas tienden a sobrevivir y prosperar después de las crisis. Apple a $11 en 2009 parecía cara después de haberse desplomado desde el equivalente de $25, pero quien compró y mantuvo es rico hoy. El tiempo es tu aliado si eliges bien.

En el Forex, el buy and hold es casi siempre suicidio. Las divisas no "crecen" a largo plazo como las acciones. Se mueven en ciclos, tendencias que pueden durar años pero luego se invierten violentamente. El carry trade (tomar prestado en divisas de bajo interés para invertir en divisas de alto interés) funcionó magníficamente durante años, luego explotó en la cara de todos en 2008. En el Forex, el timing lo es todo.

El apalancamiento amplifica estas diferencias. En el mercado de valores, un apalancamiento 2:1 se considera agresivo. En el Forex, 30:1 es normal en Europa. Esto significa que un movimiento del 3% en tu contra en el Forex con apalancamiento 30:1 te liquida. En 2008, movimientos del 5-10% en un día eran comunes en el Forex. Haz las cuentas.

La liquidez parecía infinita en ambos mercados antes de la crisis, luego se evaporó cuando más se necesitaba. Pero en el mercado de valores, al menos los mercados cerraban, dándote tiempo para respirar. En el Forex, la masacre continuaba 24 horas al día. No podías escapar, solo esperar que tus stop loss resistieran.

### El Factor Psicológico: Miedo vs Pánico

En el mercado de valores, la psicología de la crisis fue miedo progresivo que se convirtió en desesperación. Cada rally era visto como el inicio de la recuperación, cada nuevo desplome profundizaba la herida. Los inversores pasaron por las clásicas fases del duelo: negación ("es solo una corrección"), ira ("maldita SEC que no hace nada"), negociación ("si vuelve a cero salgo"), depresión ("nunca recuperaré"), y finalmente aceptación (normalmente vendiendo en el mínimo).

En el Forex, no había tiempo para las fases del duelo. Era puro pánico o euforia, a menudo el mismo día. Quien ponía en corto las divisas risk-on contra el dólar ganaba dinero tan rápido que parecía irreal. Quien estaba en el lado equivocado era pulverizado antes de entender qué estaba sucediendo.

No había tiempo para la negación cuando tu cuenta era liquidada automáticamente por margin call.

Esto creó dos tipos de supervivientes muy diferentes. En el mercado de valores, sobrevivieron aquellos con convicción y capital para promediar a la baja o paciencia para esperar. En el Forex, sobrevivieron solo aquellos con disciplina férrea en la gestión del riesgo y velocidad de ejecución. Dos juegos completamente diferentes.

**El Legado de la Crisis: Cómo Cambió Todo**

La crisis de 2008 cambió permanentemente ambos mercados. El mercado de valores entró en un bull market de una década alimentado por tipos cero y QE. Las valoraciones tradicionales dejaron de tener sentido. Amazon que pierde dinero durante 20 años luego vale $1.5 billones. Tesla que vale más que todas las marcas de coches tradicionales juntas. El mercado de valores se convirtió en un mercado de liquidez, no de fundamentos.

El Forex se volvió aún más dominado por los bancos centrales. Cada reunión de la Fed mueve los mercados. Cada tweet de un oficial puede causar picos de volatilidad. El carry trade tradicional murió con los tipos a cero en todas partes. Surgieron nuevas dinámicas: risk-on/risk-off, correlaciones con equity, criptos que roban cuota de mercado como activos especulativos.

Los traders que sobrevivieron a 2008 emergieron cambiados. En el mercado de valores, aprendieron que comprar cuando todos venden puede funcionar, pero debes tener convicción y capital. En el Forex, aprendieron que ninguna tendencia dura para siempre, ninguna correlación es estable, y el apalancamiento es un arma que puede matarte en un instante.

## Qué Significa para Ti Hoy

Estudiar 2008 no es nostalgia, es preparación. Porque habrá otra crisis. No sabemos cuándo o cómo, pero llegará. Y cuando llegue, el mercado de valores y el Forex reaccionarán de formas predeciblemente diferentes.

Si operas con acciones, la lección es clara: mantén siempre efectivo para las oportunidades, no uses demasiado apalancamiento, y recuerda que las empresas de calidad sobreviven a las crisis. Si el mercado se desploma un 30%, no es el fin del mundo, podría ser la oportunidad de tu vida. Pero debes tener el capital y el coraje para aprovecharla.

Si operas en Forex, la lección es aún más brutal: el apalancamiento te matará si no lo respetas, los stop loss son obligatorios no opcionales, y cuando el mercado gira, gira violentamente. No luches contra los bancos centrales, no promedies contra la tendencia, y siempre, siempre, protege tu capital antes de pensar en los beneficios.

La crisis de 2008 fue un máster en las diferencias entre mercado de valores y Forex. Quien entendió estas diferencias y se adaptó sobrevivió y prosperó. Quien intentó aplicar las estrategias de un mercado al otro fue destruido. La historia no se repite, pero rima.

La próxima crisis será diferente en los detalles pero similar en las dinámicas.

¿Estarás preparado?

# Capítulo 5: Velas Japonesas: Una Guía de Patrones de Éxito

Las velas japonesas son el lenguaje secreto de los mercados. Mientras todos miran los mismos gráficos, quien sabe leer realmente las velas ve historias que otros no notan: la batalla entre compradores y vendedores, el momento exacto en que el miedo se transforma en avaricia, el punto donde el mercado está a punto de girar. No son solo barras de colores en una pantalla, son la psicología del mercado hecha visible.

La historia comienza en el Japón del siglo XVIII con Munehisa Homma, un comerciante de arroz de Osaka que entendió algo revolucionario: los precios no se mueven solo por oferta y demanda, sino por las emociones de quien compra y vende. Miedo, avaricia, indecisión - todo se refleja en los patrones de precios. Homma usó esta intuición para dominar el mercado del arroz, y sus técnicas siguen siendo válidas hoy, tres siglos después, en los mercados más sofisticados del mundo.

Increíblemente, este tesoro de conocimiento permaneció confinado en Japón hasta los años 90, cuando Steve Nison lo trajo a Occidente. Desde ese momento, las velas japonesas han conquistado el mundo del trading. Hoy no encontrarás un trader profesional que no las use, ya se trate de acciones, Forex, criptos o cualquier otro mercado. ¿Por qué? Porque funcionan.

La genialidad de las velas está en su simplicidad visual que esconde una profundidad increíble. Una sola vela te dice cuatro cosas: dónde abrió el precio, dónde cerró, el máximo y el mínimo alcanzados. Pero la verdadera magia sucede cuando aprendes a leer los patrones: un doji que señala indecisión en el tope de una tendencia, un martillo que anuncia una inversión desde abajo, un envolvente que confirma que el momentum ha cambiado. Cada patrón cuenta una historia específica de qué está sucediendo en la mente colectiva del mercado.

En un mundo donde debes tomar decisiones en segundos basándote en montañas de datos, las velas cortan a través del ruido. Te dan la información esencial en un formato que tu cerebro procesa instantáneamente. No tienes que hacer cálculos complejos o interpretar indicadores confusos. Ves el patrón, reconoces la historia, actúas. Esta inmediatez es lo que las hace indispensables en el trading moderno de alta velocidad.

### Velas Japonesas: Estructura y Significado

Cada vela japonesa representa información comprimida: una representación visual de la actividad del mercado en un período determinado. La estructura de una vela es simple, pero altamente significativa:

**Cuerpo Real:** Representa la diferencia entre los precios de apertura y cierre, indicando el movimiento principal del mercado durante el período.

**Sombras o Mechas:** Muestran los precios máximo y mínimo alcanzados, revelando la volatilidad del mercado.

El tamaño y el color del cuerpo, así como la longitud de las sombras, proporcionan valiosas percepciones sobre las dinámicas del mercado.

**Estructura Básica de las Velas Japonesas**

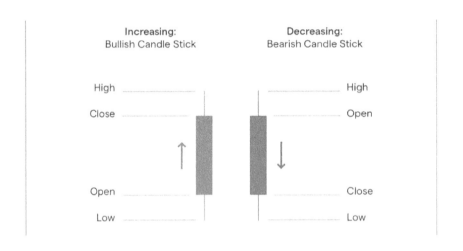

Este gráfico ilustra claramente la estructura fundamental de las velas japonesas, mostrando dos escenarios opuestos: una vela alcista (izquierda) y una vela bajista (derecha).

**Vela Alcista (Izquierda - Increasing: Bullish Candle Stick)**

Representa un aumento de precio durante el período indicado. El precio de cierre es superior al precio de apertura, señalando que los compradores dominaron la sesión.

**Elementos principales:**

- **Apertura (Open):** El precio registrado al inicio del período

- **Cierre (Close):** El precio registrado al final del período (más alto que la apertura)

- **Máximo (High):** El nivel más alto alcanzado durante el período

- **Mínimo (Low):** El nivel más bajo alcanzado durante el período

El cuerpo de la vela muestra la diferencia entre apertura y cierre, mientras que las mechas (las líneas finas arriba y abajo) revelan los extremos de precio alcanzados durante la batalla entre compradores y vendedores.

**Vela Bajista (Derecha - Decreasing: Bearish Candle Stick)**

Indica una disminución de precio durante el período. El precio de cierre es inferior al precio de apertura, mostrando que los vendedores tomaron el control.

**Elementos principales:**

- **Apertura (Open):** El precio registrado al inicio del período (más alto que el cierre)

- **Cierre (Close):** El precio registrado al final del período

- **Máximo (High):** El nivel más alto alcanzado

- **Mínimo (Low):** El nivel más bajo alcanzado

Aquí el cuerpo representa la presión bajista, y las mechas muestran los intentos fallidos de compradores o vendedores de llevar el precio más allá de esos niveles.

### Leyendo la Historia del Mercado

Este gráfico es una herramienta esencial para comprender el comportamiento de los precios y las dinámicas del mercado:

Una secuencia de velas alcistas indica una tendencia al alza, señalando un aumento de la presión compradora. El mercado está diciendo "queremos pagar más por este activo".

Una serie de velas bajistas señala una tendencia a la baja, con mayor actividad por parte de los vendedores. El mensaje es "queremos salir, el precio debe bajar".

La longitud del cuerpo y de las mechas proporciona detalles adicionales sobre la fuerza del mercado y su volatilidad. Un cuerpo largo muestra convicción, un cuerpo pequeño con mechas largas revela indecisión y batalla.

Utilizando este gráfico como referencia visual, puedes analizar rápidamente los movimientos de mercado y tomar decisiones más informadas. Las velas japonesas son un instrumento fundamental en el análisis técnico porque combinan datos precisos con intuiciones visuales inmediatas, permitiéndote descifrar los comportamientos del mercado en un vistazo. Este capítulo profundiza en su uso y sienta las bases para aplicarlas de forma estratégica en tu trading diario.

## Tipos de Doji: Los Momentos de Indecisión del Mercado

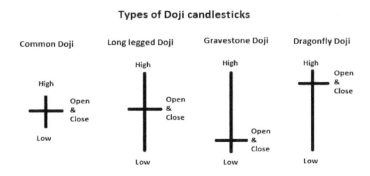

El gráfico ilustra los cuatro principales tipos de velas Doji, cada uno con implicaciones específicas sobre el mercado. Estas formaciones aparecen cuando apertura y cierre están prácticamente al mismo nivel, señalando momentos cruciales donde el equilibrio de poder entre compradores y vendedores está en juego.

### Common Doji (Doji Común)

Representa un equilibrio perfecto entre compradores y vendedores, señalando incertidumbre en el mercado. Es como una pausa en medio de una conversación acalorada, donde ambas partes se detienen a pensar. Se encuentra a menudo durante fases de consolidación, esos momentos en que el mercado respira antes de decidir su próximo movimiento.

El Common Doji te está diciendo: "Nadie está seguro de qué hacer ahora. Los compradores no tienen convicción suficiente para empujar más arriba, los vendedores no tienen la fuerza para tirar abajo. Estamos en punto muerto."

### Long-Legged Doji (Doji de Piernas Largas)

Indica una volatilidad extrema del mercado y una indecisión significativa. Las mechas largas revelan una batalla épica: ambos bandos intentaron dominar, compradores empujaron fuerte hacia arriba, vendedores arrastraron con violencia hacia abajo, pero al final nadie ganó. Cerraron exactamente donde abrieron.

Este Doji grita volatilidad. Es el mercado en estado de pánico o confusión total. Cuando lo ves después de un trend fuerte, presta atención máxima: probablemente el mercado está a punto de cambiar de dirección porque nadie sabe ya qué pensar.

### Gravestone Doji (Lápida)

Generalmente una señal de inversión bajista, se verifica cuando los compradores empujan los precios hacia arriba pero no logran mantener el impulso, llevando a un cierre cerca del mínimo de la sesión. El nombre lo dice todo: es una lápida que marca la muerte del rally alcista.

Los compradores intentaron, fallaron miserablemente, y los vendedores los aplastaron. Cuando ves un Gravestone Doji en el tope de una tendencia alcista, es el mercado diciéndote: "Intentamos subir más, pero no hay más combustible. Ahora viene la caída."

Es especialmente poderoso cuando aparece cerca de un nivel de resistencia importante. Ahí se convierte en una confirmación casi perfecta de que el rally ha terminado.

## Dragonfly Doji (Libélula)

A menudo un patrón de inversión alcista, muestra que los vendedores empujaron los precios hacia abajo pero los compradores retomaron el control, llevando a un cierre cerca del máximo de la sesión. Es el opuesto exacto del Gravestone: los vendedores atacaron, fracasaron, y los compradores contraatacaron con fuerza.

Cuando aparece al final de una tendencia bajista, especialmente cerca de un nivel de soporte, es una señal poderosísima. El mercado probó ir más abajo, tocó fondo, y rebotó con violencia. Los compradores están diciendo: "Hasta aquí. No vendemos más barato."

## Cómo Usar los Doji en Tu Trading

Estas formaciones de candlestick son valiosas para identificar puntos de giro del mercado y evaluar el sentimiento general. Pero aquí está el secreto que muchos ignoran: un Doji solo nunca es suficiente. Necesitas contexto.

¿Dónde aparece el Doji? ¿Al final de un largo trend o en medio de la nada? ¿Está cerca de un nivel de soporte o resistencia importante? ¿Los volúmenes son altos o bajos? Estas preguntas hacen la diferencia entre una señal que funciona y una que te hace perder dinero.

Comprender las diferencias sutiles entre cada tipo de Doji te permite interpretar mejor la psicología del mercado, ofreciendo una visión más profunda del equilibrio entre compradores y vendedores. El Common Doji dice "indecisión general", el Long-Legged grita "caos total", el Gravestone anuncia "fin del rally", el Dragonfly promete "inicio de la recuperación".

Pero estos patrones sirven como indicadores clave solo cuando se combinan con otras herramientas de análisis técnico: niveles de soporte y resistencia, medias móviles, análisis de volúmenes. Un Gravestone Doji que se forma cerca de un nivel de resistencia puede confirmar una inversión bajista. Un Dragonfly Doji en una zona de soporte podría señalar el inicio de una tendencia alcista.

Integrar los patrones Doji en una estrategia de trading más amplia te permite navegar mejor los períodos de incertidumbre. Ya sea para identificar inversiones de tendencia, validar posiciones existentes o perfeccionar los puntos de entrada y salida, estas formaciones representan un instrumento versátil y potente para los traders que buscan resultados consistentes en entornos de mercado dinámicos.

La clave es esta: los Doji te dicen que el mercado está indeciso. Tu trabajo es entender por qué está indeciso y qué va a hacer cuando finalmente decida. Esa es la diferencia entre un trader que lee las velas y uno que realmente las entiende.

## Hammer e Inverted Hammer: Los Martillos que Clavan Inversiones

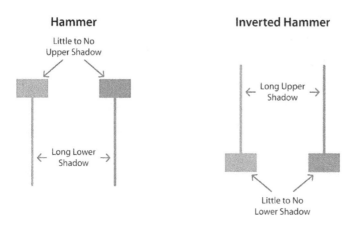

Los patrones "Hammer" (Martillo) e "Inverted Hammer" (Martillo Invertido) son dos formaciones fundamentales de candlestick, cruciales para identificar potenciales inversiones de mercado. El gráfico muestra el Hammer a la izquierda y el Inverted Hammer a la derecha, ambos con características distintivas que cuentan historias poderosas sobre la batalla entre compradores y vendedores.

## Hammer - El Martillo (Izquierda)

**Aspecto:** El Hammer presenta un cuerpo real pequeño situado cerca de la parte superior de la vela y una mecha inferior muy larga. Esta formación cuenta una historia dramática: el precio cayó significativamente durante la sesión, los vendedores parecían dominar completamente, pero entonces los compradores contraatacaron con fuerza brutal y recuperaron casi todo el terreno perdido antes del cierre.

**Interpretación:** Este es el grito de guerra de los compradores. Cuando aparece al final de una tendencia bajista, está diciendo: "Los vendedores nos empujaron hasta aquí, pero no pudieron mantenernos abajo. Ahora nosotros tomamos el control." La mecha inferior larga refleja una presión compradora que ha superado la presión vendedora de forma decisiva.

Imagina un boxeador que recibe un golpe devastador, cae casi al suelo, pero se levanta antes de la cuenta y contraataca. Eso es un Hammer. El mercado probó ir más abajo, tocó niveles que parecían el fin, pero rebotó con convicción.

**Características principales:**

- Presencia mínima o ausencia total de mecha superior
- Mecha inferior larga (al menos el doble del cuerpo)
- Cuerpo real pequeño en la parte superior
- Aparece típicamente al final de una tendencia bajista

## Inverted Hammer - El Martillo Invertido (Derecha)

**Aspecto:** El Inverted Hammer presenta un cuerpo real pequeño cerca de la parte inferior de la vela y una mecha superior muy larga. Se forma habitualmente al final de una tendencia bajista y cuenta una historia diferente pero igualmente potente.

**Interpretación:** Este patrón puede señalar una inversión alcista, indicando vacilación entre los vendedores y un posible cambio de momentum hacia los compradores. Los compradores intentaron empujar el precio hacia arriba con fuerza, llegaron muy lejos, pero no lograron mantener esos niveles altos. Sin embargo, el hecho de que pudieran empujar tanto muestra que tienen poder.

Es como un ejército que lanza un ataque sorpresa profundo en territorio enemigo. Aunque se retiran a posiciones más defensivas antes del final del día, han demostrado su capacidad de atacar. Los vendedores se dan cuenta: "Ya no somos los únicos con poder aquí."

**Características principales:**

- Presencia mínima o ausencia de mecha inferior
- Mecha superior larga (al menos el doble del cuerpo)
- Cuerpo real pequeño en la parte inferior
- Aparece al final de tendencias bajistas

## La Diferencia Crucial Entre Ambos

El Hammer muestra compradores que defienden un nivel y rechazan precios más bajos. El Inverted Hammer muestra compradores que atacan hacia arriba pero aún no consolidan el terreno ganado. Ambos son señales alcistas, pero el Hammer es generalmente más confiable porque la acción del precio (cerrar cerca del máximo) muestra convicción real.

El Inverted Hammer requiere más confirmación porque el cierre cerca del mínimo de la sesión podría interpretarse como debilidad. Pero en el contexto correcto, especialmente con volumen alto, puede ser igualmente poderoso.

**Cómo Utilizarlos en Tu Trading**

Estos patrones son oro puro, pero solo si los usas correctamente. Aquí están las reglas no escritas que separan a quien gana de quien pierde:

**Busca confirmación en la vela siguiente.** Un Hammer o Inverted Hammer solo es una señal preliminar. Necesitas ver la siguiente vela cerrarse más alta para confirmar que la inversión es real. Sin confirmación, podrías estar viendo una simple pausa antes de que el mercado continúe cayendo.

**Analiza su posición en la tendencia.** Estos patrones son más efectivos al identificar el final de tendencias bajistas. Un Hammer en medio de un mercado lateral no significa nada. Un Hammer después de una caída del 20% cerca de un soporte importante es una señal que no puedes ignorar.

**Combínalos con volúmenes.** Un Hammer con volumen alto es una declaración de intenciones. Un Hammer con volumen bajo podría ser solo ruido. El volumen te dice cuánta convicción hay detrás del movimiento.

**Úsalos junto con niveles técnicos.** Un Hammer que se forma exactamente en un nivel de soporte importante multiplica su poder. Un Inverted Hammer que aparece después de que el precio rechaza un soporte clave es dinamita pura.

El Hammer a la izquierda y el Inverted Hammer a la derecha son herramientas indispensables en el arsenal de cualquier trader, especialmente cuando se utilizan en combinación con datos de volumen y otros indicadores técnicos. Estos patrones, si se comprenden y aplican correctamente, ofrecen oportunidades valiosas para identificar potenciales inversiones de mercado.

**Bullish y Bearish Engulfing: Cuando el Mercado Cambia de Opinión Violentamente**

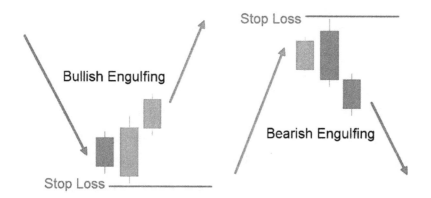

El gráfico ilustra dos patrones de inversión extraordinariamente potentes: el Bullish Engulfing (izquierda) y el Bearish Engulfing (derecha). Estos patrones son ampliamente utilizados por traders profesionales para identificar puntos de giro en las tendencias de mercado y aprovechar movimientos masivos de precios. La palabra "engulfing" significa "envolver" o "tragarse", y eso es exactamente lo que sucede: una vela devora completamente a la anterior, señalando que el poder ha cambiado de manos de forma dramática.

## Bullish Engulfing Pattern - El Contraataque de los Compradores (Izquierda)

El Bullish Engulfing se manifiesta al final de una tendencia bajista y señala un potencial cambio hacia momentum alcista. Este patrón se forma cuando una vela alcista grande envuelve completamente a la vela bajista anterior más pequeña. No es solo que la segunda vela sea más grande, es que literalmente borra todo el movimiento de la vela anterior y va mucho más allá.

**La Historia que Cuenta:** Los vendedores controlaban el mercado, empujando los precios a la baja con la primera vela pequeña. Parecía que la tendencia bajista continuaría. Pero entonces, en la siguiente sesión, algo cambió radicalmente. Los compradores no solo detuvieron a los vendedores, los aplastaron. La vela alcista abre por debajo del cierre anterior (los vendedores piensan que siguen al mando), pero luego explota hacia arriba, cerrando muy por encima de la apertura de la vela anterior.

Es como un ejército en retirada que de repente se da vuelta y contraataca con fuerza devastadora, no solo recuperando el terreno perdido sino avanzando mucho más allá. Los vendedores que pensaban tener el control se encuentran atrapados en el lado equivocado.

**Características Principales:**

- La segunda vela (alcista) abre por debajo del cierre de la primera (bajista)

- La segunda vela cierra por encima de la apertura de la primera

- El cuerpo de la segunda vela envuelve completamente el cuerpo de la primera

- Aparece al final de una tendencia bajista

**Uso Estratégico:** Los traders a menudo consideran entrar en posiciones largas cuando el patrón se forma, colocando un stop-loss justo debajo del mínimo del patrón para mitigar riesgos. La lógica es clara: si el precio vuelve a caer por debajo de ese nivel, significa que el patrón falló y los vendedores siguen al mando.

El tamaño importa aquí. Cuanto más grande sea la segunda vela comparada con la primera, más fuerte es la señal. Una vela que apenas envuelve a la anterior es una señal débil. Una vela que traga a la anterior y va mucho más allá es una declaración de intenciones brutal.

**Contexto que Multiplica su Poder:** Es más efectivo si está respaldado por otros indicadores: condiciones de sobreventa, divergencias alcistas en indicadores de momentum, o formación exactamente en un nivel de soporte importante. Un Bullish Engulfing en medio de la nada es solo ruido. Un Bullish Engulfing después de una caída del 30% en un soporte clave con RSI en sobreventa es una señal que no puedes ignorar.

### Bearish Engulfing Pattern - El Fin del Rally (Derecha)

El Bearish Engulfing aparece al final de una tendencia alcista y advierte de un posible movimiento hacia abajo. Este patrón ocurre cuando una vela bajista grande envuelve completamente a la vela alcista anterior más pequeña, reflejando una presión vendedora creciente que ha tomado el control total.

**La Historia que Cuenta:** Los compradores empujaban el precio hacia arriba con la primera vela pequeña alcista. Todo parecía bien, la tendencia alcista intacta. Pero entonces la siguiente sesión revela una verdad brutal: los vendedores han tomado el control absoluto. La vela bajista abre por encima del cierre anterior (engañando a los compradores rezagados haciéndoles pensar que el rally continúa), pero luego se desploma, cerrando muy por debajo de la apertura de la vela anterior.

Es el momento en que una fiesta llega a su fin de forma abrupta. La música se detiene, las luces se encienden, y todos se dan cuenta de que es hora de irse. Los compradores que entraron tarde quedan atrapados con pérdidas inmediatas.

**Características Principales:**

- La segunda vela (bajista) abre por encima del cierre de la primera (alcista)

- La segunda vela cierra por debajo de la apertura de la primera

- El cuerpo de la segunda vela envuelve completamente el cuerpo de la primera

- Aparece al final de una tendencia alcista

**Uso Estratégico:** Los traders a menudo abren posiciones cortas después de la formación del patrón, estableciendo un stop-loss justo por encima del máximo de la vela envolvente para limitar pérdidas. Si el precio logra superar ese máximo, el patrón ha fallado y los compradores siguen controlando.

Al igual que con el Bullish Engulfing, el tamaño relativo importa enormemente. Una vela bajista masiva que traga a una pequeña vela alcista es una señal apocalíptica. Una vela que apenas cubre a la anterior podría ser solo consolidación.

**Contexto que Multiplica su Poder:** La confirmación con volúmenes de negociación elevados o divergencias bajistas puede reforzar dramáticamente la confiabilidad de este patrón. Un Bearish Engulfing con volumen bajo podría ser una trampa. Un Bearish Engulfing con volumen explosivo en un nivel de resistencia importante es una señal de salida urgente.

## Por Qué Estos Patrones Son Tan Poderosos

Los patrones Engulfing funcionan porque capturan el momento exacto en que el control del mercado cambia de manos de forma violenta y visible. No es una transición gradual, es un golpe de estado. La primera vela muestra quién tenía el poder, la segunda vela muestra quién lo tomó.

La psicología detrás es devastadora para quien está en el lado equivocado. Imagina que eres un vendedor que shortó el mercado durante la formación de un Bullish Engulfing. La primera vela bajista pequeña te da confianza: "Voy bien, la tendencia bajista continúa." Pero la segunda vela te destruye: abre más abajo (¡bien para ti!), pero luego explota hacia arriba y cierra muy por encima. Tu posición short que estaba en beneficio ahora está en pérdida masiva. El pánico te obliga a cerrar, y tu compra forzada alimenta aún más el rally. Multiplica esto por miles de traders y entiendes por qué estos patrones crean movimientos explosivos.

## Cómo Dominar Estos Patrones

Dominar estos patrones permite a los traders anticipar inversiones con mayor confianza y perfeccionar sus estrategias tanto para mercados en tendencia como en fase de consolidación. Pero hay reglas no escritas que debes seguir:

**Espera la confirmación.** La segunda vela del patrón es tentadora, pero los profesionales esperan a ver la tercera vela. Si después de un Bullish Engulfing la siguiente vela también es alcista, la inversión está confirmada. Si la tercera vela es bajista, podría ser una trampa.

**Verifica el volumen.** Un Engulfing con volumen bajo es sospechoso. Un Engulfing con volumen alto (especialmente si la segunda vela tiene el doble o triple de volumen que la primera) es una señal que debes tomar muy en serio.

**Busca estos patrones en niveles clave.** Estas formaciones de candlestick son particularmente relevantes cuando se identifican en correspondencia con niveles importantes de soporte o resistencia, aumentando así su valor predictivo. Un Bearish Engulfing justo en una resistencia que el precio ha probado tres veces es oro puro.

**No los uses solos.** Combina con indicadores de momentum, medias móviles, análisis de estructura de mercado. Un Bullish Engulfing es bueno. Un Bullish Engulfing con RSI saliendo de sobreventa, en soporte, con divergencia alcista en el MACD es prácticamente una orden de compra.

Estos patrones no son magia, son psicología de mercado hecha visible. Funcionan porque miles de traders los conocen y actúan sobre ellos, creando profecías autocumplidas. Tu ventaja está en usarlos mejor que los demás: con confirmación, con contexto, con gestión de riesgo impecable. Un Engulfing sin contexto puede ser una trampa.

Un Engulfing en el contexto correcto puede ser la operación del mes.

**Hanging Man y Shooting Star: Cuando el Rally Llega a Su Fin**

## Hanging Man    Shooting Star

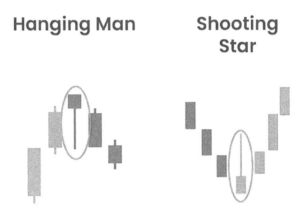

**Hanging Man y Shooting Star: Cuando el Rally Llega a Su Fin**

Este gráfico destaca dos patrones de candlestick cruciales: el Hanging Man (izquierda) y la Shooting Star (derecha), ambos señales de potenciales inversiones bajistas en el mercado. Son los hermanos oscuros del Hammer y del Inverted Hammer: tienen formas similares pero cuentan historias opuestas. Mientras los Hammer señalan el fin de las caídas, estos patrones anuncian el fin de los rallies. Son esenciales para traders que quieren anticipar cambios en las tendencias de mercado y proteger sus ganancias antes de que sea demasiado tarde.

## Hanging Man - El Ahorcado (Izquierda)

El Hanging Man se forma típicamente al final de una tendencia alcista y señala una posible inversión bajista. El nombre lo dice todo: es una figura que cuelga peligrosamente, como una advertencia de que algo malo está por suceder. Sugiere que los vendedores están empezando a prevalecer sobre los compradores, incluso si el precio cierra cerca de su máximo.

**La Historia que Cuenta:** El mercado ha estado subiendo fuerte, los compradores dominan completamente. Pero durante esta sesión, algo inquietante sucede. El precio abre cerca del máximo, luego se desploma violentamente hacia abajo durante la sesión (creando esa mecha inferior larga), pero los compradores logran empujarlo de vuelta arriba para cerrar cerca del máximo.

A primera vista parece alcista: "Los compradores defendieron el nivel, todo bien." Pero aquí está el problema: el hecho de que el precio cayera tanto durante la sesión revela que los vendedores tienen ahora fuerza real. Probaron sus armas y funcionaron. Lograron empujar el precio muy abajo antes de que los compradores reaccionaran. Es una advertencia: los vendedores están aquí, y la próxima vez podrían ganar.

Es como un boxeador campeón que por primera vez en el combate recibe un golpe que lo tambalea. Logra recuperarse y terminar el round en pie, pero tanto él como su oponente ahora saben: puede ser lastimado. El aura de invencibilidad se ha roto.

**Características Principales:**

- Cuerpo real pequeño situado cerca de la parte superior de la vela

- Mecha inferior larga (al menos el doble de la longitud del cuerpo)

- Presencia mínima o ausencia de mecha superior

- Aparece al final de una tendencia alcista (esto es crucial)

**Implicaciones Estratégicas:** El Hanging Man es una advertencia de potencial debilidad en la tendencia alcista actual. Pero aquí está la trampa que mata a los principiantes: no puedes simplemente ver un Hanging Man y shortear inmediatamente. Necesitas confirmación.

Es fundamental esperar una confirmación en la acción del precio subsiguiente, como un cierre más bajo en la siguiente vela, antes de abrir una posición corta. ¿Por qué? Porque a veces el Hanging Man es solo una pausa antes de que el rally continúe. Los compradores absorben toda la presión vendedora y el mercado sigue subiendo.

La confirmación te dice: "Sí, el Hanging Man tenía razón, los vendedores están tomando el control." Sin confirmación, estás apostando, no operando.

## Shooting Star - La Estrella Fugaz (Derecha)

La Shooting Star también señala una potencial inversión, formándose al final de una tendencia alcista y marcando una transición hacia un sentimiento bajista. Refleja una presión compradora inicial que es subsecuentemente aplastada por los vendedores. El nombre es poético y preciso: como una estrella fugaz que brilla intensamente por un momento antes de desvanecerse en la oscuridad.

**La Historia que Cuenta:** El mercado está en rally alcista. Durante esta sesión, los compradores arrancan con fuerza explosiva, empujando el precio muy por encima de la apertura (creando esa mecha superior larga). Parece que el rally se está acelerando. Pero entonces los vendedores contraatacan con violencia y empujan el precio de vuelta abajo, cerrando cerca de la apertura o incluso más abajo.

Es una derrota psicológica devastadora para los compradores. Intentaron llevar el mercado más alto, lograron empujarlo significativamente arriba, pero no pudieron mantener esos niveles ni por un momento. Los vendedores los masacraron. Todos los compradores que entraron durante esa subida intradía quedaron atrapados con pérdidas inmediatas.

Es como un ejército que lanza un asalto masivo, avanza profundamente en territorio enemigo, pero luego es emboscado y obligado a retirarse a su posición inicial con graves pérdidas. El mensaje es claro: el enemigo es más fuerte de lo que pensábamos.

### Características Principales:

- Cuerpo real pequeño situado cerca de la parte inferior de la vela

- Mecha superior larga (al menos el doble de la longitud del cuerpo)

- Presencia mínima o ausencia de mecha inferior

- Aparece al final de una tendencia alcista

**Implicaciones Estratégicas:** La Shooting Star advierte de una posible caída del precio. Como con el Hanging Man, los traders deben buscar confirmaciones en las velas subsiguientes antes de abrir posiciones cortas.

La confirmación podría ser una vela bajista grande al día siguiente, o simplemente un cierre más bajo. Lo que buscas es evidencia de que los vendedores no solo ganaron una batalla, sino que están ganando la guerra.

### La Diferencia Sutil Pero Crucial

Tanto el Hanging Man como la Shooting Star son advertencias de techo, pero cuentan historias ligeramente diferentes:

El **Hanging Man** muestra vendedores que atacaron durante la sesión y fueron rechazados, pero demostraron tener fuerza. Es una advertencia temprana: "Cuidado, los vendedores están aquí."

La **Shooting Star** muestra compradores que intentaron empujar más alto y fueron destruidos. Es una advertencia más fuerte: "Los compradores intentaron y fallaron miserablemente. El techo está aquí."

Generalmente, la Shooting Star es considerada una señal ligeramente más fuerte porque muestra un rechazo activo de niveles más altos, no solo una prueba de niveles más bajos.

### El Contexto lo Es Todo

Estos patrones se vuelven mucho más confiables si se observan cerca de niveles clave de resistencia o después de tendencias extendidas. Un Hanging Man después de que el mercado subió un 5% en dos semanas es interesante. Un Hanging Man después de que el mercado subió un 50% en tres meses y está tocando una resistencia importante es una señal de alarma que no puedes ignorar.

Cuando se combinan con análisis de volúmenes o otros indicadores técnicos, proporcionan evidencias más sólidas de agotamiento de la tendencia y de una posible inversión. Un Hanging Man con volumen bajo podría ser ruido. Un Hanging Man con volumen explosivo (mostrando que muchos traders están vendiendo) es una advertencia seria.

### Cómo Operarlos Sin Morir en el Intento

Aquí están las reglas de supervivencia que separan a los profesionales de los que pierden dinero:

**Nunca operes el patrón solo, espera confirmación.** La tentación de shortear inmediatamente cuando ves estos patrones es enorme, especialmente si ya eres bajista. Resiste. Espera a que la siguiente vela confirme. Los profesionales tienen paciencia, los amateurs tienen pérdidas.

**Verifica dónde aparecen en el gráfico más amplio.** Un Shooting Star en medio de un mercado lateral no significa nada. Un Shooting Star justo después de que el precio rechazó una resistencia importante por tercera vez es oro puro.

**Observa el volumen.** Si la mecha larga (inferior en Hanging Man, superior en Shooting Star) se formó con volumen alto, significa que hubo una batalla real y los vendedores mostraron músculo. Si el volumen fue bajo, podría ser solo volatilidad sin significado.

**Usa stop-loss siempre.** Coloca tu stop justo por encima del máximo del patrón. Si el mercado supera ese nivel, el patrón falló y los compradores siguen al mando. Sal inmediatamente, no esperes a ver si "quizás todavía funciona."

**Combina con otros indicadores.** Un Hanging Man es bueno. Un Hanging Man con RSI en sobrecompra, después de una subida fuerte, en resistencia, con divergencia bajista en el MACD es prácticamente una orden de venta.

Estos patrones no son bolas de cristal, son pistas sobre el cambio de sentimiento. Tu ventaja está en interpretarlas correctamente: con paciencia, con contexto, con confirmación, con gestión de riesgo impecable. Un Hanging Man o Shooting Star sin contexto puede ser una trampa mortal que te hace shortear un mercado que sigue subiendo. El mismo patrón en el contexto correcto puede ser la señal que te hace salir justo antes del desplome.

**Evening Star y Morning Star: Las Inversiones de Tres Actos**

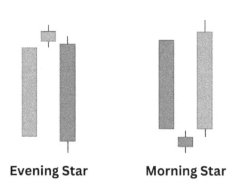

Evening Star          Morning Star

Este gráfico ilustra dos patrones de candlestick fundamentales y extraordinariamente poderosos: el Evening Star (izquierda) y el Morning Star (derecha). Estos patrones son indicadores altamente confiables de potenciales grandes inversiones de tendencia y son ampliamente utilizados por traders profesionales para anticipar cambios en el sentimiento del mercado. A diferencia de los patrones de una o dos velas, estos requieren tres velas para completarse, contando una historia completa con principio, medio y fin, como una obra de teatro en tres actos.

**Evening Star - La Estrella de la Tarde (Izquierda)**

El Evening Star aparece típicamente al final de una tendencia alcista, señalando una inversión bajista. Representa una transición del sentimiento alcista al bajista, y su nombre evoca perfectamente lo que significa: la estrella que aparece al anochecer, anunciando el fin del día y la llegada de la oscuridad.

**La Historia en Tres Actos:**

**Acto 1 - La Confianza Ciega:** Una vela alcista grande y fuerte abre el patrón, indicando un impulso alcista poderoso. Los compradores dominan completamente, empujando el precio hacia arriba con convicción. Todo parece perfecto, el rally está en pleno apogeo, nadie duda. Es el momento de euforia máxima.

**Acto 2 - La Primera Duda:** Una vela pequeña aparece (puede ser un doji o un spinning top), sugiriendo indecisión o una caída de la presión compradora. Esta pequeña vela es el momento crucial: los compradores intentan seguir empujando pero ya no tienen la fuerza. Los vendedores aún no atacan con fuerza, pero tampoco se retiran. Es el momento de incertidumbre, la calma antes de la tormenta.

Este acto intermedio es lo que hace al Evening Star tan poderoso. No es un giro instantáneo, es una pausa que permite a los traders inteligentes leer las señales: "Algo ha cambiado. El momentum se está agotando."

**Acto 3 - El Colapso:** Una vela bajista grande cierra bien por debajo del punto medio de la primera vela, confirmando la inversión hacia abajo. Los vendedores han tomado el control total. No es solo que los compradores se detuvieron, es que fueron aplastados. La vela bajista grande devora gran parte de las ganancias de la primera vela alcista.

**Implicaciones Estratégicas:** El Evening Star advierte a los traders de una potencial caída de precios. Pero aquí está la clave que muchos ignoran: solo la tercera vela confirma el patrón. Ver las primeras dos velas es interesante, pero no operativo. La tercera vela te dice: "Sí, esto es real, los vendedores están aquí."

La confirmación con ulteriores velas bajistas refuerza la validez de la señal de inversión. Si después del Evening Star completo la siguiente vela también es bajista, estás viendo una capitulación de compradores que garantiza más caídas.

Los profesionales usan el Evening Star como señal para:

- Cerrar posiciones largas y tomar ganancias antes del colapso

- Abrir posiciones cortas con stop-loss justo por encima del máximo de la segunda vela

- Cancelar órdenes de compra que tenían pendientes

### Morning Star - La Estrella de la Mañana (Derecha)

La Morning Star es un patrón de inversión alcista que se forma al final de una tendencia bajista, indicando el inicio de un movimiento hacia arriba. Su nombre captura perfectamente el momento: la estrella que aparece al amanecer, anunciando el fin de la noche y el retorno de la luz. Es esperanza después de la desesperación.

**La Historia en Tres Actos:**

**Acto 1 - El Pánico Total:** Una vela bajista grande y poderosa abre el patrón, reflejando un impulso bajista fuerte. Los vendedores dominan sin oposición, el precio se desploma, el pánico está en su máximo. Todos quieren salir, nadie quiere comprar. Es el momento de máxima desesperación.

**Acto 2 - El Fin del Miedo:** Una vela pequeña aparece (doji o spinning top), señalando indecisión del mercado o un equilibrio entre compradores y vendedores. Esta pequeña vela es revolucionaria en su contexto: después de una caída devastadora, de repente nadie está vendiendo con fuerza. Los vendedores se han agotado, ya no quedan más vendedores dispuestos a vender a estos precios.

Al mismo tiempo, algunos compradores valientes empiezan a probar el agua. No compran agresivamente todavía, pero están ahí. El equilibrio se está desplazando.

**Acto 3 - La Resurrección:** Una vela alcista grande cierra bien por encima del punto medio de la primera vela, confirmando la inversión hacia arriba. Los compradores han tomado el control con violencia. No solo detuvieron a los vendedores, los hicieron retroceder significativamente. La vela alcista grande recupera gran parte de las pérdidas de la primera vela bajista.

**Implicaciones Estratégicas:** La Morning Star sugiere un potencial aumento de precios. Al igual que con el Evening Star, solo la tercera vela completa y confirma el patrón. Las dos primeras velas son solo la preparación.

Ulteriores velas alcistas refuerzan la validez de esta señal. Si después de la Morning Star completa las siguientes velas son alcistas con volumen creciente, estás presenciando el inicio de un nuevo rally que podría ser masivo.

Los profesionales usan la Morning Star como señal para:

- Cerrar posiciones cortas y capturar ganancias antes del rally

- Abrir posiciones largas con stop-loss justo por debajo del mínimo de la segunda vela

- Iniciar acumulación progresiva esperando un movimiento alcista prolongado

### Por Qué los Patrones de Tres Velas Son Tan Poderosos

Los patrones de tres velas como estos son más confiables que los de una o dos velas por una razón simple: cuentan una historia completa de cambio psicológico en el mercado.

El **Evening Star** no dice solo "los vendedores atacaron" (eso sería una simple vela bajista). Dice: "Los compradores dominaban (vela 1), luego perdieron convicción (vela 2), luego fueron destruidos (vela 3)." Es un proceso visible de deterioro del sentimiento alcista.

La **Morning Star** no dice solo "los compradores atacaron" (eso sería una simple vela alcista). Dice: "Los vendedores dominaban (vela 1), luego se agotaron (vela 2), luego fueron aplastados por un contraataque (vela 3)." Es un proceso visible de cambio del sentimiento de pánico a esperanza.

Esta narrativa de tres actos da tiempo a los traders para posicionarse. No necesitas reaccionar al instante cuando ves la primera vela. Puedes esperar a ver la segunda vela (¿realmente hay indecisión?), y luego decidir cómo actuar cuando aparece la tercera vela (¿se confirma la inversión?).

**Consideraciones Clave para Operar Estos Patrones**

**1. La Importancia de la Posición:** Estos patrones son más efectivos si se observan cerca de niveles significativos de soporte o resistencia. Un Evening Star que se forma justo en una resistencia que el mercado ha probado múltiples veces es casi una garantía de inversión. Una Morning Star que se forma exactamente en un soporte histórico importante es una señal de compra de manual.

Sin ese contexto de niveles clave, podrías estar viendo simplemente consolidación temporal, no una verdadera inversión.

**2. Análisis de Volúmenes:** Un volumen elevado durante la formación de la tercera vela añade credibilidad masiva a la señal de inversión. Si el Evening Star completa con la tercera vela bajista en volumen explosivo, significa que muchos traders están vendiendo, creando momentum bajista real. Si la Morning Star completa con la tercera vela alcista en volumen alto, significa que los compradores están entrando con convicción.

Volumen bajo en la tercera vela es sospechoso. Podría ser un patrón que parece correcto pero carece de la fuerza para crear una inversión real.

**3. Confirmación del Trend:** Utiliza indicadores adicionales u otros patrones gráficos para confirmar la confiabilidad de la señal. Un Evening Star es bueno. Un Evening Star con RSI en sobrecompra, después de un rally extendido, con divergencia bajista es prácticamente una orden de venta. Una Morning Star es buena. Una Morning Star con RSI en sobreventa, después de una caída prolongada, con divergencia alcista es prácticamente una orden de compra.

**4. La Segunda Vela Importa:** Muchos traders ignoran la forma exacta de la segunda vela, pero los profesionales no. Si la segunda vela es un doji perfecto (apertura = cierre), la indecisión es total y el patrón es más fuerte. Si la segunda vela tiene un gap (abre significativamente arriba o abajo de la primera vela), el patrón es aún más poderoso porque muestra un intento fallido de continuar la tendencia.

**5. Gestión de Riesgo Clara:** Para un Evening Star completo, coloca el stop-loss justo por encima del máximo de la segunda vela. Si el mercado supera ese nivel, el patrón ha fallado. Para una Morning Star completa, coloca el stop-loss justo por debajo del mínimo de la segunda vela. Si el mercado cae por debajo de ese nivel, el patrón no funcionó.

Esta gestión de riesgo te da una relación riesgo/beneficio excelente porque tu stop está cerca pero tu objetivo puede ser masivo si realmente es el inicio de una nueva tendencia.

**La Verdad Dura**

Estos patrones ofrecen información valiosa para anticipar inversiones de mercado y ayudan a los traders a tomar decisiones estratégicas con mayor confianza. Pero no son infalibles. A veces aparecen y el mercado simplemente continúa la tendencia anterior después de una breve pausa.

Tu ventaja está en:

- Operar solo los que aparecen en contextos perfectos (niveles clave + volumen + indicadores confirman)
- Esperar siempre la tercera vela para confirmar
- Usar gestión de riesgo impecable
- No enamorarte del patrón: si el stop salta, sales sin cuestionar

Un Evening Star o Morning Star sin contexto puede ser una trampa que te hace entrar en el lado equivocado. El mismo patrón con todo el contexto correcto puede ser la operación que define tu mes o tu año. La diferencia está en tu paciencia y disciplina para esperar solo las configuraciones perfectas.

# Bullish y Bearish Harami: Cuando el Mercado Se Detiene a Pensar

## Bullish Harami          ## Bearish Harami

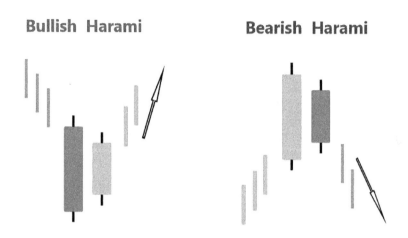

Los patrones Bullish Harami y Bearish Harami son fundamentales en el análisis técnico y ampliamente utilizados por traders para identificar potenciales inversiones de tendencia en los mercados financieros. Compuestos por dos velas, estos patrones ofrecen indicaciones sobre cambios en el sentimiento del mercado y proporcionan señales tempranas de una posible variación de dirección.

La palabra "Harami" proviene del japonés y significa "embarazada" o "contenida dentro", lo que describe perfectamente la estructura de estos patrones: una vela pequeña completamente contenida dentro del cuerpo de una vela grande anterior, como un bebé en el vientre materno.

Esta imagen visual hace que el patrón sea fácil de reconocer y recordar.

## Bullish Harami - La Esperanza Nace (Izquierda)

**Formación:** Este patrón se manifiesta durante una tendencia bajista y señala una posible inversión alcista. Está compuesto por una vela bajista grande seguida por una vela alcista más pequeña. La segunda vela está completamente contenida dentro del cuerpo de la primera, ilustrando una fase de consolidación o una pausa en la presión vendedora.

**La Historia que Cuenta:** El mercado ha estado cayendo con fuerza. Los vendedores dominan completamente, empujando los precios hacia abajo con convicción. La primera vela grande y bajista refleja este dominio total: apertura alta, cierre bajo, movimiento fuerte y decidido.

Pero entonces algo cambia en la siguiente sesión. Una vela alcista pequeña aparece, pero aquí está lo crucial: está completamente contenida dentro del rango de la vela anterior. El precio abre y cierra dentro del cuerpo de la vela bajista precedente. Es como si el mercado hubiera presionado el botón de pausa.

Esta pequeña vela alcista no está gritando "¡los compradores han tomado el control!" Está susurrando "espera, los vendedores ya no empujan con fuerza, y los compradores están probando el agua." Es un mensaje sutil pero poderoso: el momentum bajista se está agotando.

**Indicación:** La pequeña vela alcista refleja una reducción de la presión vendedora y la emergencia de los compradores, sugiriendo un paso de control de los vendedores a los compradores. Esta transición puede ser un precursor de una tendencia alcista.

Piensa en ello como el momento en que un huracán pierde fuerza. La primera vela grande es el huracán en su máxima potencia. La segunda vela pequeña es cuando el viento empieza a calmarse. Todavía no es cielo despejado, pero la tormenta se está debilitando.

**Interpretación:** Los traders interpretan este patrón como una señal para prepararse para un posible movimiento alcista. Puede representar un punto de entrada para posiciones largas, especialmente si se confirma con una acción del precio subsiguiente alcista o con otros indicadores, como un aumento del volumen o el alcance de niveles de soporte.

Pero atención: el Bullish Harami solo es una advertencia temprana, no una confirmación. Necesitas ver lo que sucede después. Si la tercera vela es alcista y cierra por encima del máximo del patrón, la inversión está confirmada. Si la tercera vela es bajista y el mercado rompe por debajo del mínimo del patrón, era una trampa.

Los profesionales usan el Bullish Harami como:

- Señal de alerta para cerrar posiciones cortas y tomar ganancias

- Preparación para abrir posiciones largas (pero esperan confirmación)

- Momento para cancelar órdenes de venta adicionales

**Bearish Harami - El Agotamiento (Derecha)**

**Formación:** Este patrón aparece en una tendencia alcista y señala una potencial inversión bajista. Está caracterizado por una vela alcista grande seguida por una vela bajista más pequeña, completamente encerrada en el cuerpo de la primera. Esta estructura demuestra una desaceleración del momentum de los compradores.

**La Historia que Cuenta:** El mercado ha estado subiendo con fuerza. Los compradores dominan completamente, llevando los precios hacia arriba con entusiasmo. La primera vela grande y alcista refleja este dominio: apertura baja, cierre alto, movimiento potente y convincente.

Pero en la siguiente sesión, algo se rompe. Una vela bajista pequeña aparece, completamente contenida dentro del rango de la vela anterior. El precio abre y cierra dentro del cuerpo de la vela alcista precedente. El mercado ha dejado de avanzar.

Esta pequeña vela bajista no está declarando "¡los vendedores han conquistado el mercado!" Está insinuando "mira, los compradores intentaron seguir subiendo pero se quedaron sin energía, y los vendedores están apareciendo." Es una señal de advertencia temprana: el rally se está cansando.

**Indicación:** La pequeña vela bajista refleja un debilitamiento de la fuerza de los compradores, sugiriendo que los vendedores podrían retomar el control, llevando potencialmente a una tendencia bajista. Este debilitamiento del momentum alcista es a menudo considerado una señal precoz de inversión.

Es como un corredor que ha estado corriendo a máxima velocidad y de repente reduce el ritmo. Todavía no se ha detenido completamente, pero claramente está agotado. La pregunta es: ¿recuperará energía o se detendrá por completo?

**Interpretación:** Los traders ven este patrón como una señal de advertencia, empujándolos a evaluar posiciones cortas o a asegurar los beneficios de las posiciones largas existentes. Si se confirma con ulteriores velas bajistas o con otros indicadores técnicos, la señal se vuelve más fuerte para una acción concreta.

El Bearish Harami es particularmente valioso para quienes ya están largos en el mercado. Es la señal de "quizás es hora de tomar ganancias antes de que sea tarde." No necesariamente significa "short inmediatamente", sino más bien "protege lo que has ganado."

Los profesionales usan el Bearish Harami como:

- Señal para asegurar ganancias en posiciones largas existentes

- Alerta para preparar posiciones cortas (esperando confirmación)

- Momento para ajustar stop-loss más cerca para proteger ganancias

**La Diferencia Sutil con Otros Patrones**

Los Harami son diferentes de los Engulfing en un aspecto crucial: en los Engulfing, la segunda vela devora a la primera. En los Harami, la segunda vela está contenida dentro de la primera. Esta diferencia no es solo visual, es psicológica.

Los **Engulfing** muestran un cambio de poder violento y dramático. Los **Harami** muestran un agotamiento gradual, una pausa, una pérdida de momentum. Los Engulfing son revoluciones, los Harami son los primeros síntomas de cansancio antes de la revolución.

Generalmente, los Engulfing son señales más fuertes porque muestran un cambio de control ya completado. Los Harami son señales más tempranas pero también más ambiguas porque solo muestran el inicio de un posible cambio.

**Notas Adicionales para Operar con Confianza**

**Confiabilidad:** Ambos patrones adquieren significado cuando se verifican cerca de niveles clave de soporte o resistencia o después de tendencias prolongadas. Su efectividad aumenta si están acompañados por un incremento de volúmenes, que indica una mayor convicción del mercado.

Un Bullish Harami después de una caída del 40% y justo en un soporte importante es una señal que merece atención. Un Bullish Harami después de una caída del 5% en medio de la nada es probablemente ruido.

Un Bearish Harami después de un rally del 50% y justo en una resistencia histórica es una advertencia seria. Un Bearish Harami después de una subida del 3% sin contexto especial es probablemente insignificante.

**Uso Estratégico:** Los traders a menudo esperan una confirmación de la dirección de la vela subsiguiente antes de actuar. Por ejemplo, un cierre más alto después de un Bullish Harami refuerza la posibilidad de una inversión alcista, mientras que un cierre más bajo después de un Bearish Harami aumenta la probabilidad de una inversión bajista.

Esta confirmación es crítica. El Harami te dice "algo podría cambiar", la tercera vela te dice "sí, realmente está cambiando" o "no, era solo una pausa temporal."

**El Volumen Cuenta una Historia Adicional:** Si el Bullish Harami se forma con volumen creciente en la segunda vela pequeña, significa que hay compradores entrando activamente. Si se forma con volumen bajo, podría ser solo ausencia de vendedores, no presencia de compradores. La diferencia es crucial.

Si el Bearish Harami se forma con volumen alto en la segunda vela pequeña, significa que hay vendedores saliendo o entrando en corto activamente. Si se forma con volumen bajo, podría ser solo agotamiento de compradores, no ataque de vendedores. De nuevo, la diferencia importa.

**Gestión de Riesgo Clara:** Para un Bullish Harami, coloca tu stop-loss justo por debajo del mínimo de la segunda vela (o del patrón completo). Si el mercado cae por debajo, el patrón ha fallado.

Para un Bearish Harami, coloca tu stop-loss justo por encima del máximo de la segunda vela (o del patrón completo). Si el mercado sube por encima, el patrón no funcionó.

Esta gestión de riesgo te da una relación riesgo/beneficio clara y te saca rápidamente si estás equivocado.

### La Verdad sobre los Harami

Estos patrones son herramientas valiosas para traders que desean anticipar inversiones de mercado y adaptar sus estrategias en consecuencia. Cuando se analizan en el contexto más amplio de las tendencias de mercado y se respaldan con señales técnicas adicionales, los patrones Bullish Harami y Bearish Harami ofrecen indicaciones poderosas para tomar decisiones informadas.

Pero son señales tempranas, no señales definitivas. Son el primer susurro de cambio, no el grito confirmado. Tu ventaja está en reconocerlos, pero tu supervivencia depende de esperar la confirmación antes de comprometer capital significativo.

Un Harami sin contexto es solo consolidación temporal. Un Harami con contexto perfecto (nivel clave + tendencia extendida + confirmación + volumen) puede ser la señal que te permite salir en el tope o entrar en el fondo. La diferencia está en tu paciencia para esperar solo las configuraciones perfectas y tu disciplina para salir rápidamente si el patrón falla.

**Three White Soldiers y Three Black Crows: Cuando el Mercado Marcha sin Pausa**

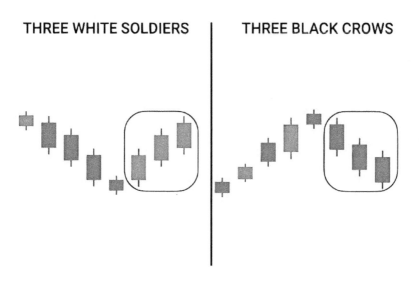

Estos patrones de candlestick, "Three White Soldiers" (Tres Soldados Blancos) y "Three Black Crows" (Tres Cuervos Negros), son herramientas fundamentales para los traders para identificar fuertes inversiones de tendencia y confirmar el sentimiento del mercado. Los nombres mismos evocan imágenes poderosas: soldados marchando en formación hacia la victoria, cuervos descendiendo en bandada para devorar. Estas no son inversiones sutiles o ambiguas como los Harami. Son declaraciones de intención brutal y sostenida.

### Three White Soldiers - La Marcha Triunfal (Izquierda)

**Formación:** Este patrón de inversión alcista está compuesto por tres velas alcistas consecutivas con cierres cada vez más altos. Cada vela abre dentro del cuerpo de la anterior pero cierra cerca de su máximo, indicando una presión compradora constante y creciente. No es un movimiento errático, es un avance disciplinado y sostenido.

**La Historia que Cuenta:** El mercado ha estado en tendencia bajista, los vendedores dominaban, el pesimismo reinaba. Pero entonces aparece la primera vela alcista, recuperando terreno significativo. Los escépticos piensan "es solo un rebote técnico, volverá a caer."

Pero la segunda vela alcista aparece, abriendo dentro del cuerpo de la primera y cerrando aún más alto. Ahora hay duda: "¿Quizás esto es real?"

Luego la tercera vela alcista confirma el patrón, continuando el avance con la misma disciplina. Abre dentro de la segunda vela, cierra cerca de su máximo. Es el tercer día consecutivo de dominio comprador. Ya no es un rebote, es una inversión.

La imagen de "tres soldados" es perfecta: no es un ataque desorganizado, es una marcha militar coordinada. Cada soldado (vela) avanza desde la posición del anterior, consolidando el terreno ganado antes de avanzar más. Es momentum sostenido, no un spike aleatorio.

**Indicación:** El patrón aparece después de una tendencia bajista, señalando una potencial transición hacia una tendencia alcista. Refleja una confianza creciente entre los compradores. No solo compraron un día, compraron tres días seguidos, cada día más agresivamente. Eso es convicción real.

Los vendedores que estaban al mando durante la tendencia bajista han sido completamente derrotados. Intentaron detener el avance cada día pero fallaron. Para el tercer día, muchos están capitulando y cerrando sus posiciones cortas, lo que alimenta aún más el rally.

**Uso:** Los traders interpretan este patrón como una señal de compra fuerte, especialmente si se confirma con un aumento del volumen de negociación o con indicadores adicionales como el RSI (Relative Strength Index).

El volumen es crítico aquí. Si las tres velas se forman con volumen creciente, especialmente en la tercera, es una confirmación devastadora. Significa que más y más compradores se están uniendo a la marcha. Si el volumen es bajo o decreciente, podrías estar viendo un movimiento sin convicción que se revertirá pronto.

Los profesionales buscan Three White Soldiers que:

- Se formen después de una caída prolongada (al menos 10-15% o más)

- Aparezcan cerca de un nivel de soporte importante

- Tengan cuerpos largos y mechas pequeñas (mostrando control comprador total)

- Estén acompañados por volumen creciente

- Coincidan con RSI saliendo de sobreventa

Cuando todas estas condiciones se alinean, es una de las señales de compra más fuertes que puedes encontrar.

**Puntos de Entrada y Gestión:** El momento óptimo para entrar es al cierre de la tercera vela, confirmando el patrón. Algunos traders más agresivos entran durante la segunda vela, anticipando la tercera.

Coloca el stop-loss justo por debajo del mínimo de las tres velas. Si el mercado rompe por debajo de ese nivel, el patrón ha fallado y los vendedores han retomado el control.

**Three Black Crows - El Descenso Inexorable (Derecha)**

**Formación:** Este patrón de inversión bajista está compuesto por tres velas bajistas consecutivas con cierres cada vez más bajos. Cada vela abre dentro del cuerpo de la anterior pero cierra cerca de su mínimo, señalando una fuerte presión vendedora sostenida. Es el espejo exacto de los Three White Soldiers pero con intención opuesta: destrucción en lugar de construcción.

**La Historia que Cuenta:** El mercado ha estado en rally alcista, los compradores dominaban, el optimismo era alto. Pero entonces aparece la primera vela bajista, borrando parte de las ganancias recientes. Los optimistas piensan "es solo una corrección saludable, volverá a subir."

Pero la segunda vela bajista aparece, abriendo dentro del cuerpo de la primera y cerrando aún más bajo. El optimismo se convierte en preocupación: "¿Esto es serio?"

Luego la tercera vela bajista confirma el patrón, continuando la caída con la misma intensidad. Abre dentro de la segunda vela, cierra cerca de su mínimo. Es el tercer día consecutivo de dominio vendedor. Ya no es una corrección, es una inversión.

La imagen de "tres cuervos negros" es perfecta en el folclore: los cuervos son presagios de muerte y desgracia, y cuando vienen en grupo, el mensaje es inconfundible. Cada cuervo (vela) desciende desde la posición del anterior, arrastrando el precio más y más bajo. Es presión vendedora implacable.

**Indicación:** El patrón se forma después de una tendencia alcista, sugiriendo una posible inversión bajista. Indica una dominancia creciente de los vendedores y un debilitamiento del momentum de los compradores. No solo vendieron un día, vendieron tres días seguidos, cada día más agresivamente.

Los compradores que estaban al mando durante el rally han sido completamente aplastados. Intentaron defender el precio cada día pero fallaron. Para el tercer día, muchos están entrando en pánico y vendiendo, lo que acelera aún más la caída.

**Uso:** Los traders utilizan este patrón como señal de venta o para cerrar posiciones largas, particularmente cuando coincide con un alto volumen de negociación.

Al igual que con los Three White Soldiers, el volumen es fundamental. Si las tres velas se forman con volumen creciente, especialmente en la tercera, es una confirmación aterradora. Significa que cada vez más traders están vendiendo o entrando en corto. Si el volumen es bajo, podría ser solo ausencia de compradores, no presencia activa de vendedores.

Los profesionales buscan Three Black Crows que:

- Se formen después de un rally prolongado (al menos 10-15% o más)

- Aparezcan cerca de un nivel de resistencia importante

- Tengan cuerpos largos y mechas pequeñas (mostrando control vendedor total)

- Estén acompañados por volumen creciente

- Coincidan con RSI saliendo de sobrecompra

Cuando todas estas condiciones se alinean, es una de las señales de venta más fuertes que existen.

**Puntos de Salida y Gestión:** Para posiciones largas existentes, el cierre de la tercera vela es la señal definitiva de salida. No esperes más, el daño continuará.

Para posiciones cortas, puedes entrar al cierre de la tercera vela. Coloca el stop-loss justo por encima del máximo de las tres velas. Si el mercado sube por encima, el patrón ha fallado.

**Por Qué Estos Patrones Son Tan Poderosos**

Los Three White Soldiers y Three Black Crows son más fuertes que muchos otros patrones de inversión por varias razones:

**Momentum Sostenido:** No es un solo día de cambio, son tres días consecutivos. Esto elimina la posibilidad de que sea solo ruido o volatilidad aleatoria. Tres días de movimiento en la misma dirección muestran convicción real del mercado.

**Consistencia de Comportamiento:** Cada vela se comporta de manera similar: abre dentro de la anterior, cierra cerca de su extremo. Esta consistencia muestra que no hay dudas, no hay vacilación. Es momentum puro y sostenido.

**Psicología Visible:** Para el tercer día, la psicología del mercado ha cambiado completamente. Los que estaban en el lado equivocado (vendedores durante Three White Soldiers, compradores durante Three Black Crows) están capitulando, lo que acelera el movimiento en la dirección del patrón.

**Confirmación Triple:** Mientras que patrones como el Hammer o el Doji requieren confirmación externa, estos patrones se auto-confirman. La tercera vela es la confirmación de las dos primeras.

**Advertencias Críticas**

A pesar de su poder, estos patrones no son infalibles:

**Contexto es Rey:** Three White Soldiers después de una caída del 5% en un mercado generalmente alcista probablemente es solo un rebote dentro de la tendencia mayor. Three White Soldiers después de una caída del 40% en un soporte clave es una inversión real.

**Tamaño de las Velas:** Velas grandes y sólidas son más confiables que velas pequeñas. Si las tres velas son diminutas, el patrón carece de convicción.

**Mechas Largas = Problemas:** Si las velas tienen mechas muy largas (especialmente mechas superiores en Three White Soldiers o inferiores en Three Black Crows), muestra que hay resistencia significativa al movimiento. El patrón es menos confiable.

**Agotamiento Potencial:** Irónicamente, tres días consecutivos de movimiento fuerte pueden también significar agotamiento inminente. Después de Three White Soldiers, un pullback es común. Después de Three Black Crows, un rebote técnico es probable. No asumas que el movimiento continuará sin pausa para siempre.

**Cómo Operar Estos Patrones Como un Profesional**

**Para Three White Soldiers:**

1. Identifica el patrón completo (tres velas alcistas consecutivas)

2. Verifica el contexto (¿caída prolongada? ¿soporte cerca?)

3. Confirma con volumen (¿creciente?)

4. Entra al cierre de la tercera vela o en pullback del día siguiente

5. Stop-loss por debajo del mínimo de las tres velas

6. Objetivo inicial: resistencia más cercana importante

**Para Three Black Crows:**

1. Identifica el patrón completo (tres velas bajistas consecutivas)

2. Verifica el contexto (¿rally prolongado? ¿resistencia cerca?)

3. Confirma con volumen (¿creciente?)

4. Sal de posiciones largas al cierre de la tercera vela

5. Para shorts: entra al cierre de la tercera vela, stop por encima del máximo

6. Objetivo inicial: soporte más cercano importante

**La Verdad Final**

Estos patrones representan señales importantes para anticipar movimientos de mercado significativos y permiten a los traders tomar decisiones estratégicas para adaptar sus operaciones a las tendencias emergentes.

Son patrones de alta probabilidad cuando se dan en el contexto correcto. Pero como todo en trading, no hay garantías. Tu ventaja está en:

- Operar solo los que cumplen todos los criterios (contexto + volumen + tamaño)

- Gestionar el riesgo con stops claros

- No asumir que el movimiento continuará indefinidamente

- Tomar ganancias parciales en resistencias/soportes clave

Un patrón Three White Soldiers o Three Black Crows sin contexto puede llevarte a entrar en el momento equivocado.

**Spinning Tops y Marubozu: Indecisión vs Convicción Total**

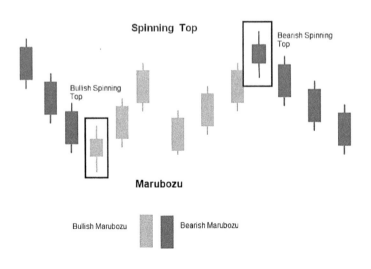

Estos dos patrones de candlestick, Spinning Tops y Marubozu, son herramientas esenciales para traders que desean comprender mejor la indecisión del mercado y los cambios de momentum. Ofrecen una visión detallada de la psicología de los participantes del mercado, proporcionando pistas sobre potenciales inversiones, continuaciones de tendencia o períodos de consolidación. Son opuestos absolutos: uno grita indecisión, el otro proclama convicción total.

### Spinning Tops - El Mercado No Sabe Qué Hacer

**Formación:** Los Spinning Tops se distinguen por cuerpos reales pequeños, posicionados centralmente entre mechas superiores e inferiores largas. Esta estructura refleja movimientos significativos de precio durante la sesión pero un cambio neto mínimo entre los precios de apertura y cierre.

Imagina un tira y afloja donde ambos equipos tienen exactamente la misma fuerza. Tiran con violencia en ambas direcciones (creando las mechas largas), pero la cuerda termina casi exactamente donde empezó (cuerpo pequeño). Eso es un Spinning Top.

**La Historia que Cuenta:** Durante la sesión, el mercado fue volátil. Los compradores empujaron el precio significativamente hacia arriba en algún momento (mecha superior larga). Los vendedores lo arrastraron significativamente hacia abajo en otro momento (mecha inferior larga). Pero al final del día, el precio cerró casi donde abrió.

¿Qué significa esto? Nadie ganó. Compradores y vendedores lucharon ferozmente pero ninguno pudo dominar. Es incertidumbre pura cristalizada en una vela.

**Indicaciones:**

**Indecisión del Mercado:** Los Spinning Tops indican un equilibrio entre compradores y vendedores, donde ninguna de las dos partes logra dominar. Esta indecisión es significativa porque puede preceder cambios importantes de dirección.

**Bullish Spinning Top (en tendencia bajista):** Cuando aparece durante una tendencia bajista, señala una potencial inversión al alza, sugiriendo que el momentum de los compradores podría estar creciendo. Los vendedores que dominaban ya no pueden empujar el precio más abajo con convicción.

**Bearish Spinning Top (en tendencia alcista):** Se presenta durante una tendencia alcista y sugiere una posible inversión a la baja, indicando un debilitamiento de la presión compradora. Los compradores que dominaban ya no pueden llevar el precio más alto con fuerza.

**Uso Estratégico:** Los Spinning Tops NO son señales definitivas de inversión, sino avisos de potenciales cambios. Son como la luz amarilla del semáforo: no dice "para" ni "sigue", dice "prepárate, algo puede cambiar."

Los traders deben buscar confirmaciones a través de velas subsiguientes o indicadores complementarios como el RSI (Relative Strength Index) o el MACD (Moving Average Convergence Divergence).

Un Spinning Top seguido por una vela fuerte en una dirección confirma el cambio. Un Spinning Top seguido por otra vela indecisa solo significa que la incertidumbre continúa.

**Contexto Crítico:** Estos patrones son más efectivos cuando se encuentran cerca de niveles significativos de soporte o resistencia. Un Spinning Top en un nivel de soporte después de una caída fuerte es una señal de que los vendedores están perdiendo control. Un Spinning Top en resistencia después de un rally es una señal de que los compradores están agotados.

### Marubozu - Convicción Sin Dudas

**Formación:** Las velas Marubozu se distinguen por la ausencia total de mechas, mostrando un cuerpo completo donde el precio se mueve en una sola dirección durante toda la sesión. El nombre "Marubozu" significa "cabeza rapada" en japonés, refiriéndose a la vela "pelada" sin mechas.

**Bullish Marubozu:** El precio de apertura corresponde al mínimo y el precio de cierre al máximo, demostrando una presión compradora brutal y sostenida. Los compradores controlaron completamente desde la apertura hasta el cierre, sin un solo momento de duda.

**Bearish Marubozu:** El precio de apertura corresponde al máximo y el precio de cierre al mínimo, reflejando una presión vendedora dominante y sin resistencia. Los vendedores aplastaron cualquier intento de compra desde el primer segundo hasta el último.

**La Historia que Cuenta:** Una Marubozu es el opuesto absoluto del Spinning Top. No hubo batalla, hubo dominación total. En una Bullish Marubozu, los compradores abrieron con fuerza y nunca dejaron que el precio cayera ni un instante por debajo de la apertura. En una Bearish Marubozu, los vendedores abrieron vendiendo y nunca permitieron que el precio subiera ni un momento por encima de la apertura.

Es como un partido de fútbol que termina 10-0. No hubo competencia real, hubo aplastamiento.

**Indicaciones:**

**Bullish Marubozu:** Este patrón a menudo indica el inicio de un momentum alcista fuerte, comúnmente visible al inicio de una tendencia alcista o durante un breakout. Cuando ves una Bullish Marubozu rompiendo una resistencia importante, es una declaración: "Los compradores han tomado el control total."

**Bearish Marubozu:** Refleja una presión bajista robusta, frecuentemente observable al inicio de una tendencia bajista o durante una ruptura de niveles de soporte. Una Bearish Marubozu rompiendo un soporte es terrorífica para quien está largo: significa que los vendedores no tienen piedad.

**Uso Estratégico:** Las velas Marubozu son consideradas señales poderosas de continuación. Los traders las utilizan para identificar oportunidades de entrada en la dirección de la tendencia prevalente.

Una Bullish Marubozu al inicio de un nuevo rally te dice: "Sube a bordo ahora, este tren está saliendo de la estación y no se detendrá pronto."

Una Bearish Marubozu al inicio de una caída te dice: "Sal ahora si estás largo, esta caída apenas está comenzando."

Cuando están acompañadas por alto volumen o se forman cerca de líneas de tendencia clave, las Marubozu ofrecen una confirmación adicional de su confiabilidad. Una Marubozu con volumen explosivo es prácticamente una orden de entrada.

**Diferencia con Otros Patrones:** Mientras que patrones como Hammer o Doji muestran lucha y eventual victoria de un lado, Marubozu muestra victoria desde el primer momento. No hubo batalla, hubo dominio completo de inicio a fin.

### Cómo Utilizar Estos Patrones en Tu Trading

### Spinning Tops:

- Son más efectivos cerca de niveles significativos de soporte o resistencia

- Siempre espera confirmación de las velas subsiguientes

- Combina con indicadores como RSI o MACD para mayor seguridad

- Úsalos como alertas, no como señales de entrada inmediata

- En consolidación, los Spinning Tops simplemente confirman la indecisión continua

**Marubozu:**

- Ideales para identificar fuertes continuaciones de tendencia

- Úsalas en combinación con análisis de la tendencia existente para confirmar la dirección del momentum

- Busca Marubozu con volumen alto para máxima confiabilidad

- Una Marubozu contra la tendencia previa es particularmente poderosa (señala inversión violenta)

- Planifica entradas inmediatas: estas velas raramente dan segunda oportunidad de entrada a mejor precio

**Combinación Poderosa:** Un Spinning Top seguido por una Marubozu en la dirección opuesta a la tendencia previa es una de las señales de inversión más fuertes que existen. El Spinning Top dice "la tendencia anterior perdió momentum", la Marubozu dice "la nueva tendencia está tomando control con fuerza."

Concluyendo este capítulo sobre los patrones de velas japonesas, emerge claramente cómo estas herramientas, a pesar de sus orígenes seculares, permanecen increíblemente relevantes y valiosas para los traders modernos. Las velas japonesas no son solo representaciones gráficas de datos de mercado, sino verdaderos espejos de la psicología colectiva de compradores y vendedores.

Cada vela cuenta una historia: de luchas entre alcistas y bajistas, de incertidumbres, de confirmaciones o inversiones de tendencia, ofreciendo a quien sabe interpretarlas un aliado poderoso para anticipar los movimientos futuros de precios.

Lo que hace a las velas japonesas tan duraderas no es su complejidad técnica, sino su capacidad de capturar la emoción humana en acción. Trescientos años después de que Munehisa Homma las desarrollara para el mercado del arroz, seguimos usándolas porque la naturaleza humana no ha cambiado. El miedo, la avaricia, la indecisión, la convicción - todas estas emociones se reflejan en las velas de la misma manera hoy que en el Japón del siglo XVIII.

Aunque no son infalibles, los patrones de candlestick alcanzan su máximo potencial si se utilizan como parte de un enfoque integrado, combinado con indicadores técnicos y una sólida comprensión de las condiciones de mercado.

Un Hammer sin contexto es solo una vela rara. Un Hammer en soporte con RSI en sobreventa después de una caída prolongada es una señal de entrada. Un Engulfing sin volumen es sospechoso. Un Engulfing con volumen explosivo en resistencia es una señal de salida urgente.

La verdadera maestría no está en reconocer los patrones - eso cualquiera puede aprenderlo en una tarde. La maestría está en:

- Reconocer el contexto correcto
- Esperar la confirmación adecuada
- Combinar múltiples señales
- Gestionar el riesgo impecablemente
- Tener la disciplina de esperar solo las configuraciones perfectas

Analizar Spinning Tops y Marubozu en el contexto más amplio de las condiciones de mercado ayuda a los traders a desarrollar una comprensión más completa de la acción del precio. Estos patrones, cuando se utilizan junto con herramientas y estrategias complementarias, permiten anticipar los movimientos de mercado con mayor precisión y seguridad.

Las velas japonesas te dan el lenguaje para leer el mercado. Pero como cualquier lenguaje, conocer las palabras individuales no es suficiente. Necesitas entender la gramática (análisis técnico), el contexto (condiciones de mercado), y el subtexto (psicología). Solo entonces podrás leer las historias que el mercado está contando y actuar sobre ellas con confianza.

## Nota Importante sobre Terminología

Hemos elegido deliberadamente mantener las terminologías técnicas en inglés por diversos motivos. En el mundo del trading, el inglés es el idioma universal utilizado en los gráficos, en las plataformas de análisis técnico y en las comunicaciones globales entre traders.

Comprender y utilizar estos términos sin traducirlos es fundamental para navegar con seguridad entre los recursos educativos, las plataformas de trading y las herramientas profesionales, además de para comunicar eficazmente en un contexto internacional.

Este enfoque permite además a los lectores familiarizarse con la terminología real, haciendo más sencillo el paso de la teoría a la práctica operativa. Cuando abras TradingView, MetaTrader, o cualquier plataforma profesional, verás "Hammer", "Engulfing", "Doji" - no sus traducciones. Mejor aprender los términos correctos desde el principio.

Tu viaje con las velas japonesas apenas está comenzando. Este capítulo te ha dado las herramientas, pero la experiencia solo viene con la práctica. Estudia los gráficos históricos, identifica los patrones, observa qué funcionó y qué no. Con el tiempo, reconocerás estos patrones instantáneamente y sabrás exactamente qué hacer cuando aparecen. Esa es la diferencia entre un trader que conoce las velas y uno que realmente las entiende.

# Capítulo 6: Análisis de Mercado

Ahora que conoces las herramientas y los mercados, es momento de aprender a leer lo que el mercado te está diciendo. El análisis de mercado es la diferencia entre adivinar y tomar decisiones informadas. Es como tener las gafas correctas: de repente lo que parecía caos casual revela patrones, tendencias, oportunidades.

Hay dos formas principales de analizar los mercados, y los traders de éxito dominan ambas.

El análisis técnico lee el lenguaje de los gráficos, busca patrones en los movimientos de precio, usa las matemáticas para predecir hacia dónde podría ir el mercado. El análisis fundamental en cambio profundiza en los números reales: balances, economía, todo lo que determina el valor verdadero de un activo.

Son como dos caras de la misma moneda, e ignorar una significa ver solo la mitad de la historia. Algunos traders juran que solo el análisis técnico importa, otros que sin fundamentos estás ciego. La verdad es que los mejores combinan ambos, usando cada uno donde es más fuerte.

# Análisis Técnico

El análisis técnico parte de un presupuesto controvertido pero poderoso: todo lo que necesitas saber ya está en el precio. Cada noticia, cada balance, cada miedo o esperanza del mercado se refleja inmediatamente en el movimiento del precio. No necesitas ser economista o analista financiero, solo necesitas saber leer los gráficos. ¿Suena demasiado simple? Sin embargo, generaciones de traders han construido fortunas basándose solo en esto.

La belleza del análisis técnico está en su universalidad. Un triángulo ascendente en EUR/USD funciona como un triángulo ascendente en Apple o en Bitcoin. Un soporte roto se convierte en resistencia ya estés operando oro o gas natural. Los patrones se repiten porque la psicología humana se repite: miedo y avaricia crean siempre los mismos movimientos, en cada mercado, en cada época.

## Las Herramientas del Oficio

Los gráficos son tu mapa del tesoro. No importa si usas velas japonesas, barras o líneas: lo que cuenta es ver el flujo del precio en el tiempo. Las velas te muestran la batalla entre toros y osos en cada período. Las barras te dan la misma información en formato más limpio. Las líneas conectan los puntos de cierre creando tendencias claras. Cada trader tiene sus preferencias, pero todos miran lo mismo: dónde ha estado el precio y hacia dónde podría ir.

Las tendencias son la fuerza más poderosa en los mercados. "The trend is your friend" no es solo un cliché, es supervivencia pura. Una tendencia alcista te dice que los compradores tienen el control, una bajista que dominan los vendedores. ¿La lateral? Es el mercado que toma aliento, se prepara para el próximo movimiento. Reconocer en qué fase estás determina todo: si comprar las caídas, vender los rallies, o quedarte fuera esperando claridad.

Soportes y resistencias son los campos de batalla donde se decide el destino del precio. El soporte es donde los compradores entran en masa deteniendo el declive. La resistencia es donde los vendedores dicen "hasta aquí y no más". Cuando un soporte cede, se convierte en resistencia. Cuando una resistencia es violada, se convierte en soporte. Es psicología pura: los niveles que importan en la mente de los traders se convierten en profecías autocumplidas.

Los indicadores son tus asistentes matemáticos. Las medias móviles te muestran la tendencia limpia eliminando el ruido. El RSI te advierte cuando algo está sobrecomprado o sobrevendido. El MACD revela cuándo el momentum está cambiando. El volumen confirma si un movimiento es real o solo humo. No son bolas de cristal mágicas, son herramientas que procesan los datos de formas que el ojo humano no puede hacer solo.

### Aplicación en los Diferentes Mercados

En el Forex, el análisis técnico reina supremo en el corto plazo. Con un mercado abierto 24/5 y volúmenes enormes, los patrones técnicos son increíblemente confiables. Un breakout en EUR/USD durante el solapamiento Londres-Nueva York tiene altísimas probabilidades de éxito. Los niveles psicológicos redondos (1.1000, 1.2000) actúan como imanes para el precio. La naturaleza algorítmica del trading moderno hace los patrones aún más precisos: los robots operan en los niveles técnicos amplificando los movimientos.

En el mercado de valores, el análisis técnico funciona de forma diferente. Los gaps de apertura crean oportunidades únicas. El volumen se vuelve crucial: un breakout sin volumen es sospechoso, uno con volumen explosivo es oro. Los patrones en marcos temporales más largos son más confiables porque hay menos "ruido" algorítmico. Y luego están los niveles psicológicos específicos de las acciones: $100 para Apple, $1000 para Tesla, números que atraen la atención y crean batallas épicas.

Las criptos son el paraíso del análisis técnico. Con pocos o cero fundamentos tradicionales, el precio es pura psicología y momentum. Los patrones que en los mercados tradicionales dan señales débiles, en las criptos son explosivos. Un golden cross en Bitcoin puede desencadenar rallies del 50%. Un death cross puede reducir el valor a la mitad. La volatilidad extrema hace el análisis técnico no solo útil sino esencial para sobrevivir.

Las materias primas tienen sus propias peculiaridades técnicas. La estacionalidad crea patrones predecibles: el gas natural sube en invierno, el trigo tiene ciclos ligados a las cosechas. Los niveles de producción crean pisos naturales por debajo de los cuales el precio raramente baja. El análisis técnico aquí debe casarse con la comprensión de los ciclos económicos y climáticos, pero los patrones gráficos siguen siendo válidos.

## La Ventaja del Análisis Técnico

El análisis técnico te da algo que el análisis fundamental no puede: timing preciso. Puedes saber que Apple está infravalorada, pero sin el análisis técnico no sabes cuándo comprar. El gráfico te dice cuándo el momentum está girando, cuándo la presión vendedora se ha agotado, cuándo es el momento de entrar. Es la diferencia entre tener razón y ganar dinero.

La disciplina que el análisis técnico impone es invaluable. Stop loss claros basados en niveles técnicos, objetivos definidos por resistencias, tamaño de posiciones basado en la volatilidad: todo se vuelve sistemático, eliminando la emotividad de las decisiones. Ya no es "espero que suba", es "si rompe este nivel entro, si baja de este otro salgo".

Pero atención: el análisis técnico no es una ciencia exacta. Es probabilidad, no certeza. Un patrón con 70% de éxito falla todavía 3 veces de cada 10. La clave es jugar las probabilidades consistentemente, cortar las pérdidas cuando te equivocas, dejar correr los beneficios cuando aciertas. Es un juego de números donde la disciplina vence al genio cada vez.

El análisis técnico moderno es también evolución continua. Machine learning e IA están encontrando patrones que el ojo humano no ve. El sentiment analysis de las redes sociales se integra con los gráficos tradicionales. Los flujos de opciones revelan dónde el dinero grande se está posicionando. Mantenerse actualizado no es opcional, es supervivencia.

La verdad sobre el análisis técnico es que funciona porque suficientes personas creen que funciona. No es magia, es psicología de masas aplicada a los mercados financieros. Y si sabes cómo leerla, tienes una ventaja enorme sobre quien mira solo los fundamentos o, peor aún, adivina.

## Soportes, Resistencias y Líneas de Tendencia: El Campo de Batalla del Precio

Lo que ves en el gráfico es la guerra perpetua entre compradores y vendedores hecha visible. No son solo líneas, es el mapa de dónde se han librado las batallas más importantes y dónde se librarán las próximas.

¿Ves esos puntos marcados donde el precio rebota siempre al mismo nivel? Esos son los soportes, las trincheras donde los compradores hacen la última resistencia. Cada vez que el precio baja a ese nivel, entran órdenes de compra masivas. "Aquí no se pasa" dicen los toros, y el precio rebota. No es magia, son miles de traders que han colocado órdenes justo ahí, creando un muro de demanda que detiene la caída.

La resistencia funciona al contrario. Es el techo de cristal del mercado, donde los vendedores esperan pacientes. Cada vez que el precio sube hasta ahí, boom, avalancha de órdenes de venta. Quien había comprado más abajo toma beneficio, quien está corto entra en posición, quien había comprado en el tope anterior sale finalmente en cero. ¿El resultado? El precio choca contra ese muro invisible y vuelve abajo.

Pero el momento de la verdad, el que separa a los traders mediocres de los profesionales, es el "Break in Support" que ves en la parte derecha del gráfico. Cuando un soporte que ha aguantado durante días, semanas, meses finalmente cede, no es solo una línea atravesada. Es un terremoto psicológico. Quien había comprado a ese nivel pensando que era seguro ahora está en pérdida y en pánico. Quien esperaba confirmación de la tendencia bajista ahora sabe que es el momento de ponerse corto. El soporte violado se transforma instantáneamente en resistencia porque todos los atrapados quieren salir apenas el precio vuelve a subir.

Estos momentos de ruptura son donde se hacen o se pierden fortunas. Si estás posicionado en el lado correcto cuando sucede, cabalgas una ola de momentum que puede durar días. Si estás en el lado equivocado y no tienes stop loss, miras impotente cómo tu cuenta se vacía. No hay término medio en los breakouts: o estás con ellos o estás contra ellos.

## Las Líneas de Tendencia: El GPS del Precio

Las líneas de tendencia son la elegancia del análisis técnico reducida a lo esencial. Tomas un lápiz, conectas los mínimos crecientes en un uptrend o los máximos decrecientes en un downtrend, y acabas de dibujar el camino más probable que el precio seguirá. ¿Suena demasiado simple para ser verdad? Sin embargo funciona desde que existen los mercados.

Una línea de tendencia alcista no es solo una línea oblicua en un gráfico. Es la manifestación visual del momentum, la prueba de que los compradores están dispuestos a pagar cada vez más para entrar. Cada toque y rebote desde la línea de tendencia refuerza su validez. Es como si el mercado dijera "ok, este es el camino que estamos siguiendo" y todos se alinean.

Pero atención: ninguna tendencia dura para siempre. La ruptura de una línea de tendencia es una de las señales más confiables de que el juego ha cambiado. No es cuestión de "si" sino de "cuándo". Cuando esa línea que ha guiado el precio durante semanas es finalmente perforada, es el mercado que te está gritando que las reglas han cambiado. Los compradores están agotados, los vendedores han tomado el control, la tendencia está muerta.

La belleza de las líneas de tendencia está en su universalidad. Funcionan en un gráfico de 1 minuto para el scalping frenético como en un gráfico mensual para inversiones a largo plazo. La psicología es idéntica: los traders ven la línea, la respetan mientras aguanta, huyen cuando se rompe. Es profecía autocumplida en su forma más pura.

El truco no es solo dibujar líneas de tendencia, cualquiera puede hacerlo. El truco es entender cuáles son significativas y cuáles son solo ruido. Una línea de tendencia tocada dos veces es una coincidencia. Tocada tres veces es interesante. ¿Tocada cuatro o más veces? Esa es una línea de tendencia que cuando se rompe, hará temblar el mercado. Cuanto más largo es el marco temporal, más fuerte es la señal. Una línea de tendencia semanal rota después de meses es un evento sísmico. Una en gráfico de 5 minutos rota después de una hora es rutina.

Recuerda siempre: las líneas de tendencia no son muros de cemento, son elásticos. El precio puede perforarlas temporalmente y luego volver atrás (false breakout), o puede destrozarlas con violencia y no mirar atrás nunca más (true breakout).

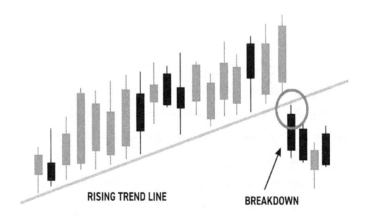

RISING TREND LINE          BREAKDOWN

## El Breakdown: La Muerte de una Tendencia

Aquí tienes ante tus ojos uno de los momentos más dramáticos del trading: la muerte de una tendencia. Mira esa hermosa línea de tendencia alcista que ha guiado el precio hacia arriba durante todo el gráfico. Cada vela que toca la línea y rebota confirma su validez. Durante semanas o meses, esta línea ha sido la autopista del precio, el camino de menor resistencia hacia beneficios cada vez mayores.

Pero luego llega el círculo rojo. El BREAKDOWN. No es solo una vela que atraviesa una línea. Es el momento en que todo cambia, cuando el optimismo se transforma en pánico, cuando quien creía en la tendencia infinita descubre brutalmente que nada dura para siempre.

Nota cómo el breakdown no es tímido o incierto. Cuando una línea de tendencia importante se rompe, el precio no se desliza gentilmente por debajo. Se desploma. Esa serie de velas después del círculo rojo no son casuales - son el resultado de miles de stop loss que son alcanzados, de traders largos que corren hacia las salidas, de vendedores en corto que huelen la sangre y atacan.

El secreto para entender estos gráficos es este: antes del breakdown, había señales. ¿Ves cómo las velas antes del círculo rojo ya estaban luchando para hacer nuevos máximos? ¿Cómo el momentum estaba ralentizándose? El mercado te estaba susurrando "estoy a punto de girar" pero solo quien escuchaba atentamente oyó la advertencia.

Después del breakdown, lo que era una línea de soporte dinámico se convierte en resistencia. Si el precio intenta volver a subir (y a menudo lo hace en lo que llamamos "retest"), encuentra un muro de vendedores justo donde está la vieja línea de tendencia.

Es psicología pura: quien quedó atrapado en el breakdown quiere salir en cero, quien ha puesto en corto quiere añadir a las posiciones, quien estaba esperando confirmación ahora sabe de qué lado estar.

¿La lección más importante de este gráfico? Las líneas de tendencia no son sugerencias, son contratos psicológicos que el mercado hace consigo mismo. Cuando son respetadas, refuerzan la tendencia. Cuando son violadas, la señal es clara e inequívoca: la vieja tendencia está muerta, prepárate para la nueva.

Si estás operando cuando sucede un breakdown como este, tienes tres opciones: salir inmediatamente si estás largo, entrar corto si tienes el coraje, o quedarte fuera si no estás seguro.

Lo que NO puedes hacer es esperar que sea una falsa señal y mantener posiciones largas. La esperanza no es una estrategia, y las líneas de tendencia rotas raramente mienten.

Recuerda: cada línea de tendencia que ves en un gráfico está destinada a romperse tarde o temprano. La pregunta no es si, sino cuándo. Y cuando sucede, debes estar listo para actuar, no para esperar.

# Análisis Fundamental: Una Profunda Evaluación Financiera

Si el análisis técnico lee el lenguaje de los gráficos, el análisis fundamental excava en la verdad de los números. No se conforma con saber que una acción sube o baja, quiere entender por qué vale lo que vale y si el mercado tiene razón o está equivocándose en grande. Es la diferencia entre seguir a la multitud y entender hacia dónde va la multitud y por qué podría equivocarse.

El análisis fundamental parte de un presupuesto revolucionario: el precio de mercado puede estar completamente equivocado. Una empresa que vale 100 puede cotizar a 50 porque el mercado está en pánico, o a 200 porque está presa de la euforia. Pero tarde o temprano, el precio volverá al valor real. El truco es entender cuál es este valor real antes de que el mercado se dé cuenta.

Para los inversores a largo plazo, ignorar el análisis fundamental es como conducir con los ojos vendados. Puede que llegues al destino, pero las probabilidades no están de tu lado. Los fundamentos son tu mapa para encontrar empresas infravaloradas que el mercado está ignorando y evitar trampas sobrevaloradas que todos están comprando solo porque suben.

**Interpretar los Balances: Leer el ADN de una Empresa**

Los balances financieros son como las radiografías de una empresa. Te muestran qué hay bajo la superficie, más allá del marketing y las promesas. Pero debes saber leerlos, si no son solo números en una página.

La **Cuenta de Resultados** te cuenta la historia del año: cuánto ha vendido la empresa, cuánto ha gastado, cuánto ha quedado. Si los ingresos crecen año tras año, la empresa está expandiendo su mercado. Si los márgenes se estrechan, algo está erosionando la rentabilidad. Una empresa puede mostrar ingresos récord pero si los costes crecen más rápidamente, es un desastre esperando suceder.

El **Balance General** es la fotografía de la solidez financiera. Qué posee la empresa (activos) y qué debe (deudas). Una empresa con más deudas que activos es como una casa con una hipoteca más alta que su valor: técnicamente en pie pero estructuralmente frágil. La relación entre deuda y equity te dice cuánto la empresa está arriesgando con el dinero de otros. Demasiada deuda y al primer problema la empresa implosiona.

El **Flujo de Caja** es la verdad desnuda y cruda. Los beneficios se pueden manipular con trucos contables, el cash no. Si una empresa declara beneficios estratosféricos pero el efectivo no entra, huele a quemado. El cash flow operativo te dice si la empresa genera realmente dinero de su negocio o está solo quemando capital. Es la diferencia entre un negocio real y un esquema Ponzi empresarial.

**Los Indicadores Económicos: El Clima de los Mercados**

Los indicadores económicos son como las previsiones del tiempo para los mercados. No te dicen exactamente cuándo lloverá, pero te advierten si se acerca una tormenta.

El **PIB** es el termómetro de la economía. ¿Crece? Las empresas venden más, contratan más, invierten más. Bueno para las acciones. ¿Se contrae? Recesión a la vista, momento de ser cautelosos. Pero atención: el PIB es un indicador que mira atrás, te dice qué ha pasado, no qué pasará.

Los **Tipos de Interés** son el acelerador y el freno de la economía. Los bancos centrales los suben para enfriar una economía sobrecalentada, los bajan para estimular el crecimiento. Tipos altos hacen los bonos más atractivos que las acciones, tipos bajos empujan a todos hacia activos más arriesgados en busca de rendimiento. Es el juego de las sillas musicales financiero.

La **Inflación** es el enemigo silencioso. Un poco hace bien (significa que la economía crece), demasiada destruye el poder adquisitivo y obliga a los bancos centrales a subir los tipos. La inflación inesperada es kriptonita para los bonos pero puede ser buena para las acciones de empresas que pueden subir los precios. Todo es cuestión de quién puede pasar los costes aumentados a los clientes.

**Evaluar las Empresas: Encontrar los Diamantes en el Carbón**

El **ratio P/E** es el múltiplo más famoso pero también el más malentendido. Te dice cuántas veces estás pagando los beneficios de la empresa. Un P/E de 10 significa que pagas 10 euros por cada euro de beneficio anual. ¿Parece caro? Depende. Amazon cotizó durante años con P/E astronómicos o negativos mientras construía su imperio. El P/E solo no te dice nada sin contexto.

El **ratio P/B** compara el precio con el valor contable. Si está por debajo de 1, en teoría estás comprando la empresa por menos de lo que valen sus activos. Pero atención: en un mundo digital, muchos activos reales (marca, software, datos) no aparecen en los libros contables. Facebook tiene un P/B altísimo pero su verdadero valor está en los usuarios, no en los edificios.

El **ROE** te dice cuán eficiente es la empresa en generar beneficios del capital de los accionistas. Un ROE del 20% significa que por cada euro invertido, la empresa genera 20 céntimos de beneficio al año. Fantástico, ¿verdad? Pero mira también la deuda: es fácil tener ROE altos si te endeudas hasta el cuello. Es como presumir de rendimientos usando la tarjeta de crédito para invertir.

**Más Allá de los Números: Los Factores Invisibles**

Los números te dicen qué ha pasado, pero hay factores que te dicen qué pasará. La calidad del management puede transformar una empresa mediocre en una campeona o hundir a un gigante. Steve Jobs salvó a Apple de la quiebra y la transformó en la empresa más grande del mundo. Los CEOs equivocados han destruido General Electric, una vez la empresa más admirada de América.

Los **ciclos económicos** determinan quién gana y quién pierde. Las empresas cíclicas como automóviles o acero imprimen dinero en los booms y sangran en las recesiones. Las empresas defensivas como utilities o bienes de consumo básico son aburridas en los booms pero te salvan en los crashes. Saber dónde estamos en el ciclo es crucial para elegir los ganadores de mañana.

Los **factores ESG** (Environmental, Social, Governance) ya no son opcionales. Una empresa que contamina arriesga demandas millonarias. Una con pésimas prácticas laborales puede ver su marca destruida de la noche a la mañana en las redes sociales. Una con gobernanza opaca puede esconder de todo. Volkswagen parecía sólida hasta el Dieselgate. Enron tenía números fantásticos hasta el día antes del colapso.

**Los Casos de Estudio: Aprender de la Historia**

**Apple en los años 2000** es la historia de manual de cómo el análisis fundamental puede identificar oportunidades épicas. Los números eran ok pero no extraordinarios. Lo que contaba era entender que Jobs estaba transformando Apple de empresa de ordenadores a ecosistema digital. Quien miraba solo el P/E perdió uno de los mayores rallies de la historia. Quien entendía la transformación en marcha hizo fortuna.

**Volkswagen y el Dieselgate** muestran lo contrario: cómo ignorar los factores no financieros puede destruir una inversión. Los números eran sólidos, la empresa crecía, los márgenes eran buenos. Luego emergió que hacían trampas en las pruebas de emisiones. El valor se desplomó un 40% en días, miles de millones en multas, reputación destruida. Los números no mentían, pero no contaban toda la historia.

**El Análisis Integrado: Lo Mejor de Dos Mundos**

Usar solo el análisis fundamental es como tener razón demasiado pronto. Puedes identificar una empresa infravalorada, pero si el mercado no se da cuenta, puedes esperar años por tu beneficio. Usar solo el análisis técnico es como navegar sin saber el destino. Puedes cabalgar tendencias, pero no sabes si estás comprando basura sobrevalorada.

El enfoque ganador es combinar ambos. Los fundamentos te dicen qué comprar, los técnicos te dicen cuándo. ¿Una empresa con fundamentos sólidos que rompe una resistencia importante? Oro puro. ¿Un valor técnicamente perfecto pero con fundamentos podridos? Trampa mortal.

Imagina analizar una tech company. Los fundamentos muestran crecimiento del 30% anual, márgenes en expansión, cero deuda, management estelar. El análisis técnico muestra que está en el soporte después de una corrección del 20%, RSI en sobreventa, volumen en acumulación. Es el setup perfecto: valor real encuentra timing ideal. Este es el poder del análisis integrado.

La verdad es que los mercados son demasiado complejos para un enfoque único. El análisis fundamental te da la dirección, el análisis técnico te da el timing. Juntos, te dan una ventaja que ninguno puede darte solo. No es compromiso, es sinergia.

# Capítulo 7: Estrategias de Trading

Las estrategias de trading son como estilos de combate: cada una tiene sus puntos fuertes, sus debilidades, sus situaciones ideales. No existe la estrategia perfecta que funciona siempre, existe la correcta para ti, para tu carácter, para el tiempo que tienes disponible, para el capital que puedes arriesgar.

Este capítulo te mostrará el arsenal completo, desde las técnicas base que puedes aplicar de inmediato hasta las avanzadas que requieren experiencia y nervios de acero.

La elección de la estrategia no es solo técnica, es profundamente personal.

¿Eres paciente o impulsivo?

¿Tienes todo el día para mirar las pantallas o solo una hora por la tarde?

¿Te estresa más perder oportunidades o perder dinero?

Las respuestas a estas preguntas determinarán qué enfoque es para ti mucho más que cualquier indicador técnico.

# Estrategias para Principiantes: Empieza con Bases Sólidas

## Trend Trading: Cabalga la Ola

El trend trading es la estrategia más antigua y todavía la más efectiva. "The trend is your friend until it ends" no es solo un lema, es supervivencia pura. La idea es simple: identifica la dirección del mercado y síguelo hasta que cambie. ¿Suena fácil? Lo es, hasta que dejas que las emociones tomen el control.

Identificar una tendencia no requiere un doctorado en matemáticas. Las medias móviles son tu primer aliado: si el precio está por encima de la media de 50 días y esta está por encima de la de 200, la tendencia es alcista. Punto. No compliques lo que es simple. Las líneas de tendencia que conectan los mínimos crecientes o los máximos decrecientes te muestran visualmente hacia dónde va el mercado. Cuando se rompen, es el mercado diciéndote que algo ha cambiado.

El ADX (Average Directional Index) te dice cuán fuerte es la tendencia. ¿Por encima de 25? Tendencia fuerte, cabálgala. ¿Por debajo de 20? Mercado lateral, quédate fuera o cambia estrategia. No busques tendencias donde no las hay, es como intentar surfear en una piscina.

El timing en el trend trading lo es todo. No entres apenas veas una tendencia, espera el pullback. Los mercados respiran: suben, corrigen, vuelven a subir. Entra en la corrección cuando el precio vuelve hacia la media móvil o la línea de tendencia y rebota. Es como saltar a un tren en movimiento: esperas que desacelere en la estación, no corres detrás mientras acelera.

La gestión del riesgo en el trend trading es vital. Stop loss siempre, sin excepciones. Colócalo debajo del último mínimo significativo en un uptrend, por encima del último máximo en un downtrend. Si la tendencia se invierte, sales con pérdidas limitadas. El tamaño de posición depende de la volatilidad: mercados más volátiles, posiciones más pequeñas. No es cobardía, es matemática de la supervivencia.

## Breakout Trading: Captura la Explosión

El breakout trading es adrenalina pura. Esperas que el precio rompa un nivel importante - resistencia, soporte, rango de consolidación - y entras en la dirección del breakout esperando capturar el movimiento explosivo que sigue. Cuando funciona, los beneficios son rápidos y sustanciosos. Cuando falla, eres víctima de un false breakout y las pérdidas llegan igual de rápido.

La clave del breakout trading es identificar niveles que realmente importan. No toda resistencia merece atención. Busca niveles testeados múltiples veces, donde el precio ha rebotado al menos 3-4 veces. Cuanto más largo es el consolidamiento antes del breakout, más violento será el movimiento después. Un rango que dura meses cuando se rompe puede generar tendencias que duran semanas.

El volumen es tu mejor amigo en el breakout trading. Un breakout con volumen explosivo probablemente es real. Uno con volumen anémico es sospechoso. El mercado está votando con dinero: alto volumen significa convicción, bajo volumen significa que solo unos pocos lo creen.

El problema de los false breakouts es real y costoso. Para protegerte, espera la confirmación: un cierre decidido más allá del nivel, mejor si dos. O entra en el retest: después del breakout inicial, el precio a menudo vuelve a testear el nivel roto. Si aguanta (la vieja resistencia se convierte en soporte), es una señal fuerte de que el breakout es válido.

### News Trading: Surfea los Eventos

El news trading es la estrategia más emocionante y peligrosa para principiantes. Cada dato económico importante, cada anuncio de banco central, cada evento geopolítico mueve los mercados. Si logras interpretar rápidamente cómo el mercado reaccionará, los beneficios pueden ser inmediatos y sustanciosos. Pero si te equivocas en dirección o timing, las pérdidas son igual de rápidas.

Las noticias que realmente mueven los mercados son predecibles: Non-Farm Payrolls estadounidenses el primer viernes del mes, decisiones sobre tipos de los bancos centrales, PIB, inflación. Marca estos eventos en el calendario, son los días en que los mercados enloquecen. Pero atención: no es la noticia en sí lo que cuenta, es cómo se compara con las expectativas. Datos positivos pueden hacer caer el mercado si se esperaban aún mejores.

La velocidad es esencial en el news trading. Cuando salen los datos, tienes segundos para decidir. No hay tiempo para análisis profundos. Por esto muchos news traders colocan órdenes antes del evento: buy stop por encima de la resistencia, sell stop por debajo del soporte. Cuando sale la noticia y el mercado explota en una dirección, la orden se activa automáticamente.

El riesgo en el news trading es extremo. El slippage puede ser brutal: piensas entrar a 100, entras a 105 porque el mercado se movió demasiado rápido. Los spreads se amplían enormemente durante las noticias. Los brokers pueden tener requotes o incluso bloquear el trading. Y luego está el whipsaw: el mercado se dispara en una dirección, luego invierte violentamente en la otra, golpeando ambos stops.

## La Estructura del Mercado: Los Tres Estados Fundamentales

Los mercados existen solo en tres estados: uptrend, downtrend, o sideways (lateral). Reconocer en qué estado se encuentra el mercado determina qué estrategia aplicar. Es inútil buscar breakouts en una tendencia fuerte o seguir la tendencia en un mercado lateral.

El **uptrend** está definido por máximos y mínimos crecientes. Cada nuevo máximo supera el anterior, cada corrección se detiene por encima del mínimo anterior. Es la manifestación visual de un mercado donde los compradores tienen el control. En uptrend, cada caída es una oportunidad de compra hasta prueba contraria.

El **downtrend** es lo opuesto: máximos y mínimos decrecientes. Los vendedores dominan, cada rally es una oportunidad para ponerse corto o salir de posiciones largas. No luches contra el downtrend pensando comprar el fondo, es como intentar detener un tren con las manos.

El **mercado lateral** o range-bound es cuando el precio oscila entre soporte y resistencia sin una dirección clara. Es frustrante para los seguidores de tendencias pero paraíso para quien hace range trading: compras en el soporte, vendes en la resistencia, repites. Pero ten cuidado: los rangos no duran para siempre, y cuando se rompen, el movimiento es a menudo violento.

Entender la estructura del mercado no es opcional, es fundamental. Antes de aplicar cualquier estrategia, pregúntate: ¿en qué tipo de mercado estoy? La respuesta determinará si tu estrategia tiene probabilidades de éxito o si estás solo apostando contra las probabilidades.

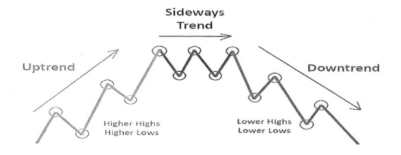

## La Estructura del Mercado: El Mapa Fundamental

Este gráfico es el mapa fundamental de cada mercado que exista. No importa si estás operando Bitcoin, EUR/USD o acciones de Apple: el precio se moverá siempre de una de estas tres formas. Entender en qué fase te encuentras es la diferencia entre nadar con la corriente y ahogarte contra ella.

## Uptrend: Cuando los Toros Mandan

Mira la sección de la izquierda del gráfico. ¿Ves cómo cada pico (higher high) supera el anterior y cada valle (higher low) se mantiene por encima del anterior? Este es un uptrend de manual. No es casual, es la manifestación visual de un mercado donde los compradores han tomado el control y no lo sueltan.

En un uptrend, cada corrección es un regalo. Cuando el precio baja hacia un higher low, no es debilidad, es el mercado que toma aliento antes de empujar aún más alto. Los traders profesionales viven para estos momentos: entran en los pullbacks, colocan el stop debajo del último low, y dejan correr los beneficios mientras la tendencia hace el trabajo pesado.

La psicología del uptrend es contagiosa. Quien ha comprado antes está ganando y compra más. Quien estaba fuera ve los precios subir y no quiere perder el tren. Quien estaba corto cubre las pérdidas alimentando aún más el rally.

Es un ciclo que se autoalimenta hasta que algo grande lo interrumpe.

## Sideways: La Calma Antes de la Tormenta

El centro del gráfico muestra el mercado en pausa. Los precios oscilan entre un soporte y una resistencia bien definidos, como una pelota que rebota entre dos muros. No hay dirección clara, solo frustración para quien busca tendencias y paraíso para quien hace range trading.

El sideways es el mercado que está decidiendo. Compradores y vendedores están en equilibrio perfecto, ninguno prevalece. Pero atención: esta es la calma antes de la tormenta. Cuanto más largo es el consolidamiento, más violento será el breakout cuando llegue. Es como comprimir un resorte: cuanto más lo comprimes, más fuerte será el salto cuando lo sueltes.

Durante el sideways, las estrategias cambian completamente. Olvida el seguimiento de tendencias, aquí se compra en el soporte y se vende en la resistencia. Pero mantén siempre un ojo en el volumen: cuando empieza a aumentar cerca de los bordes del rango, el breakout es inminente.

## Downtrend: El Reino de los Osos

La sección de la derecha muestra la bajada. Lower highs y lower lows en secuencia perfecta. Cada rally (lower high) es más débil que el anterior, cada caída (lower low) va más profundo. Es el mercado en modo distribución: quien está dentro quiere salir, quien está fuera no quiere entrar.

En el downtrend, la gravedad financiera toma el control. El miedo alimenta más miedo. Stop loss alcanzados desencadenan otros stop loss en una cascada de ventas. Intentar comprar el fondo en un downtrend es como intentar atrapar un cuchillo cayendo: puedes lograrlo, pero más probablemente te cortes.

La única estrategia sensata en un downtrend confirmado es ponerse corto en los rallies o quedarse en efectivo. Cada rebote hacia un lower high es una oportunidad para entrar corto o salir de posiciones largas que quedaron atrapadas. No seas el héroe que intenta invertir la tendencia, sé el trader inteligente que la cabalga en la dirección correcta.

## Breakout Trading: Cuando el Mercado Explota

El breakout trading es cazar el momento en que el mercado rompe las cadenas. Después de días, semanas, meses de consolidación en un rango, el precio finalmente atraviesa soporte o resistencia y parte como un cohete. Si estás posicionado en el lado correcto, los beneficios llegan rápidos y sustanciosos.

### Identificar el Setup Perfecto

No todos los breakouts son iguales. Un rectángulo que dura dos días no tiene la misma fuerza que uno que dura dos meses. Los patrones que importan son los que todos ven: triángulos que se estrechan durante semanas, rectángulos con al menos 4-5 toques de los bordes, cabeza y hombros que se forman en meses. Cuanto más obvio es el patrón, más traders lo están mirando, más fuerte será la explosión cuando se rompa.

Los niveles clave no son opiniones, son hechos históricos. Una resistencia testeada 5 veces en los últimos 6 meses no es una línea arbitraria, es un campo de batalla donde los vendedores han ganado repetidamente. Cuando finalmente cede, es como cuando se derrumba una presa: todo lo que había sido contenido explota afuera.

El volumen es el detective que revela los falsos breakouts. ¿Un breakout con volumen doble o triple de la media? Probablemente real. ¿Volumen anémico? Sospechoso. El mercado vota con dinero: alto volumen significa convicción de masas, bajo volumen significa que solo unos pocos tontos lo creen.

## El Timing lo Es Todo

Entrar demasiado pronto en un breakout es la receta para ser víctima de falsas rupturas. Entrar demasiado tarde significa perder la mejor parte del movimiento. ¿El compromiso? Espera la confirmación pero no la certeza absoluta.

Un cierre decidido más allá del nivel es el mínimo. Dos cierres consecutivos son mejor. Pero la verdadera señal de oro es el retest: después del breakout inicial, el precio vuelve a testear el nivel roto. Si la vieja resistencia ahora actúa como soporte, tienes tu confirmación. Es el mercado diciéndote "sí, este breakout es real".

Algunos traders colocan órdenes stop por encima de la resistencia o debajo del soporte, listos para entrar automáticamente en el breakout. Funciona, pero prepárate para muchas falsas señales. Otros esperan el pullback para entrar a mejores precios. También funciona, pero a veces el pullback no llega y miras el tren partir sin ti.

**Gestión del Riesgo en el Breakout**

El stop loss en el breakout trading es sagrado. Colócalo justo del otro lado del nivel de breakout. Si el precio vuelve atrás más allá de ese punto, el breakout ha fallado y debes salir. Nada de "veamos qué pasa", nada de "quizás es solo un test". Fuera y punto.

La relación riesgo/beneficio debe ser al menos 1:2, mejor 1:3. Si arriesgas 100 para ganar 100, estás jugando a la par en un juego donde ganarás solo la mitad de las veces. Los breakouts fallan a menudo, pero cuando funcionan, los movimientos pueden ser explosivos. Asegúrate de que los ganadores paguen por los perdedores y dejen beneficio.

El tamaño de la posición depende de la volatilidad. Un breakout en un penny stock volátil requiere posiciones pequeñas. Un breakout en un índice major puede permitir posiciones más grandes. No es cuestión de coraje, es matemática del riesgo.

El breakout trading no es para corazones débiles. Es rápido, brutal, con muchas falsas señales. Pero cuando capturas un verdadero breakout, cuando estás dentro mientras el mercado explota en una dirección, entiendes por qué tantos traders están obsesionados con esta estrategia. Es la adrenalina del trading en su forma más pura.

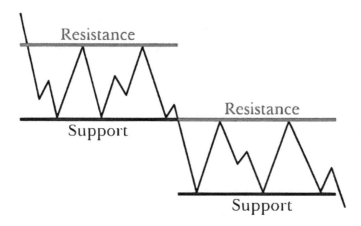

**Breakout Trading: Cuando el Mercado Rompe las Cadenas**

Lo que ves en el gráfico es la historia clásica de cada breakout: primero el aburrimiento, luego la explosión. Mira cómo el precio rebota entre soporte y resistencia en la primera parte, como una pelota atrapada en una caja. Cada vez que toca el soporte, los compradores entran. Cada vez que toca la resistencia, los vendedores rechazan. Es un tira y afloja que puede durar días, semanas, meses.

Luego sucede. El precio rompe la resistencia en la parte izquierda del gráfico y dispara hacia arriba. No es un movimiento tímido - cuando un nivel importante cede, el mercado acelera. Todos los que vendían en la resistencia ahora deben cubrir. Los que esperaban confirmación ahora entran. Es una ola de demanda que empuja los precios cada vez más alto.

Pero mira lo que sucede después en la parte derecha: el precio rompe el soporte hacia abajo. La dinámica es la misma pero invertida. Quien había comprado en el soporte ahora está en pérdida y vende en pánico. Los short sellers huelen la sangre y atacan. El soporte violado se convierte en resistencia (nota cómo el precio lo testea desde abajo y es rechazado), confirmando que el sentimiento ha cambiado completamente.

El secreto del breakout trading no es predecir qué dirección tomará el precio, sino estar listo para ambas. Coloca tus órdenes: buy stop encima de la resistencia, sell stop debajo del soporte. Cuando el mercado decide, tú ya estás dentro. Pero recuerda: no todos los breakouts son válidos. Sin volumen que confirme el movimiento, podría ser una trampa. Con stop loss ajustados sin embargo, incluso los falsos breakouts se vuelven manejables - pierdes poco cuando te equivocas, ganas mucho cuando aciertas.

### News Trading: Cabalgar los Tsunamis Informativos

El news trading es como ser un surfista que espera el tsunami. Sabes que está llegando (el calendario económico te lo dice), sabes que será grande (los Non-Farm Payrolls siempre mueven el mercado), pero no sabes en qué dirección irá hasta que no golpea. Y cuando golpea, tienes segundos para decidir si cabalgarlo o dejarte arrastrar.

## La Preparación es Todo

El calendario económico es tu biblia en el news trading. No se trata de saber que hay noticias, sino de entender cuáles importan de verdad. ¿Los Non-Farm Payrolls USA el primer viernes del mes? El mercado se detiene en espera. ¿Decisión sobre tasas del BCE? El euro puede moverse 200 pips en minutos. ¿Earnings de Apple? Las tech stocks bailan todas juntas.

Pero la noticia en sí no es lo que mueve el mercado - es la sorpresa. Si todos esperan tasas estables y la Fed las sube, boom. Si todos esperan earnings estelares y la empresa decepciona, crash. El consenso ya está en el precio. Es la desviación del consenso lo que crea las oportunidades.

La investigación no es leer las previsiones de los analistas, es entender el sentimiento del mercado. Si todos son alcistas sobre un dato y el dato sale aunque sea ligeramente por debajo de las expectativas, el desplome puede ser brutal. Al contrario, si el pesimismo es extremo, incluso datos mediocres pueden desencadenar rallies.

## El Timing en el News Trading

Hay dos escuelas de pensamiento en el news trading, y ambas tienen sus méritos y sus peligros.

La primera es posicionarse antes de la noticia. Colocas órdenes en ambos lados: buy stop encima de la resistencia, sell stop debajo del soporte. Cuando la noticia sale y el mercado explota, una de las dos órdenes se activa. Suena genial, ¿verdad?

El problema es que a menudo el mercado hace un spike en una dirección, activa tu orden, luego invierte violentamente hacia la otra. Estás dentro al peor precio posible.

La segunda es esperar la reacción inicial, dejar que el polvo se asiente, luego entrar en la dirección del trend que se forma. Más seguro, pero a veces el mejor movimiento sucede en los primeros segundos y tú lo miras desde la banda.

¿La verdad? Ningún enfoque es perfecto. El news trading es caos controlado. Debes aceptar que a veces tomarás la dirección equivocada, a veces entrarás demasiado tarde, a veces el slippage te comerá la mitad del beneficio. Pero cuando capturas un movimiento importante - cuando estás largo en EUR/USD mientras el BCE recorta tasas por sorpresa, cuando estás corto en los bancos mientras salen datos devastadores - las ganancias pueden ser enormes.

**Los Riesgos son Reales**

Durante las noticias importantes, el mercado se convierte en un campo minado. Los spreads se amplían de 1 pip a 10, 20, a veces 50 pips. Piensas entrar en 1.1000, entras en 1.1020. Tu stop de 20 pips se convierte de hecho en un stop de cero.

El slippage es brutal. Tu orden dice "compra a 100", pero si el mercado salta de 99 a 105 en un milisegundo, compras a 105. Sin reembolso, sin quejas aceptadas. Es el precio a pagar por jugar durante los tsunamis.

Los brokers pueden convertirse en tus peores enemigos durante las noticias. Requotes, órdenes rechazadas, plataformas que se bloquean "casualmente" justo cuando quieres cerrar en ganancia. No siempre es mala fe, a veces es simplemente que la infraestructura no soporta el volumen. Pero el resultado para ti es el mismo: pérdidas o ganancias perdidas.

**News Trading: ¿Arte o Azar?**

El news trading bien hecho no es gambling, es cálculo del riesgo en condiciones extremas. Requiere preparación maníaca, ejecución rapidísima, y sobre todo aceptación de que muchos trades saldrán mal. Pero no necesitas ganar siempre. Con gestión de riesgo férrea y position sizing conservador, basta con capturar pocos movimientos grandes para compensar muchas pequeñas pérdidas.

La clave es especializarse. No intentes tradear cada noticia. Elige un tipo - quizás solo NFP, o solo decisiones del BCE, o solo earnings tech - y conviértete en experto en eso. Aprende cómo ese tipo particular de noticia mueve el mercado, cuáles son los patrones recurrentes, cuándo el mercado sobrereacciona.

El news trading no es para todos. Si el estrés te paraliza, si no puedes permitirte pérdidas rápidas, si tu conexión a internet es mala, mantente alejado. Pero si tienes nervios de acero, reflejos veloces y capital para arriesgar, puede ser una de las estrategias más emocionantes y potencialmente rentables en el trading. Recuerda solo: en el news trading, la velocidad mata, pero la vacilación mata más.

# Estrategias para Traders Intermedios: Swing Trading, Scalping y Day Trading

Cuando has dominado las bases, es momento de subir de nivel. Las estrategias intermedias requieren más habilidad, más disciplina, más nervios de acero. No son necesariamente más rentables que las básicas - de hecho, a menudo es lo contrario - pero te dan más control, más opciones, más formas de adaptarte a los mercados que cambian. El swing trading te permite capturar movimientos más grandes sin vivir pegado a la pantalla. El scalping te mete en el corazón pulsante del mercado, donde los segundos cuentan. El day trading es el punto medio: intenso pero manejable, rápido pero no frenético.

### Swing Trading: El Ritmo Perfecto

El swing trading es como pescar con caña en lugar de con red. No intentas capturar cada pequeño movimiento, esperas el grande que vale la pena. Mantienes posiciones durante días o semanas, cabalgando las olas naturales del mercado mientras sube y baja. Es perfecto si tienes un trabajo a tiempo completo pero quieres hacer trading en serio: analizas por la tarde o el fin de semana, colocas tus órdenes, y dejas que el mercado haga su trabajo mientras tú haces el tuyo.

La filosofía del swing trading se basa en una verdad fundamental: los mercados se mueven en ciclos predecibles. No en línea recta hacia arriba o abajo, sino en olas. Subes, corrección, subes de nuevo. Bajas, rebote, bajas de nuevo. El swing trader busca entrar al inicio de estas olas y salir antes de que se inviertan. No busca tomar todo el movimiento, solo la parte central, la más jugosa y confiable.

Quien hace swing trading con éxito ha entendido que el tiempo en el mercado vence al timing del mercado, pero solo si sabes cuándo entrar y cuándo salir. No es buy and hold ciego, es posicionamiento estratégico basado en análisis técnico sólido. Las medias móviles te muestran la tendencia general, el RSI te dice cuándo algo está sobrecomprado o sobrevendido, los patrones gráficos como triángulos y banderas te señalan cuándo el próximo swing está por partir.

La selección de activos en el swing trading es crucial. Quieres instrumentos que se muevan pero no enloquezcan. Una acción que oscila el 10-15% en pocas semanas es perfecta. Una crypto que hace 50% en un día es demasiado impredecible. Quieres liquidez suficiente para entrar y salir sin problemas, pero no necesariamente los títulos más tradeados donde cada movimiento es anticipado por algoritmos.

El risk management en el swing trading es más relajado que el day trading pero más riguroso que el position trading. Stop loss siempre, pero más amplios para dar espacio al trade de respirar. Si entras en un pullback hacia la media móvil de 50 días, tu stop va debajo del mínimo reciente, no al 2% fijo. El position sizing depende de la volatilidad: activos más volátiles, posiciones más pequeñas. La regla del 2% del capital por trade sigue siendo sagrada.

Lo bueno del swing trading es que tienes tiempo para pensar. No debes decidir en segundos como en el scalping. Puedes analizar con calma, planificar tus niveles, configurar alertas y órdenes condicionales. Pero este tiempo extra es también una maldición: más tiempo para dudar, para cambiar de opinión, para dejarte influenciar por las noticias o las opiniones ajenas. La disciplina en el swing trading no es reaccionar rápidamente, es mantenerte firme en el plan cuando el mercado te pone a prueba.

## Scalping: La Fórmula 1 del Trading

El scalping es trading al extremo. Entras y sales en segundos o minutos, capturando movimientos de pocos ticks o pips, repitiendo la operación decenas o cientos de veces al día. Es intenso, estresante, potencialmente muy rentable pero también muy arriesgado. No es para todos - de hecho, no es para la mayoría. Pero para quien tiene los reflejos, la disciplina y el estómago para hacerlo, puede ser increíblemente redituable.

La premisa del scalping es simple: pequeñas ganancias multiplicadas por muchas operaciones hacen grandes beneficios. No buscas el home run, buscas batear sencillos todo el día. Un pip aquí, dos ticks allá, y al final del día has acumulado una ganancia sustancial. Pero atención: funciona también al revés. Pequeñas pérdidas multiplicadas por muchas operaciones pueden vaciar la cuenta rápidamente.

El scalping moderno está dominado por tecnología y velocidad. Necesitas la conexión a internet más rápida posible, la plataforma con menos latencia, los datos más actualizados. Milisegundos hacen la diferencia entre ganancia y pérdida. Muchos scalpers profesionales gastan miles de euros al mes solo en infraestructura tecnológica. Si piensas hacer scalping con el WiFi de casa en una plataforma gratuita, estás a punto de aprender una lección costosa.

Las herramientas del scalper son diferentes de las de otros traders. El VWAP (Volume Weighted Average Price) te dice dónde las instituciones están tradeando. El book de órdenes te muestra dónde se esconde la liquidez. El tape reading - observar el flujo de transacciones en tiempo real - te revela si los compradores o vendedores son más agresivos. No tienes tiempo para análisis complejos, debes leer el mercado instintivamente.

La psicología del scalping es brutal. Debes tomar decisiones en fracciones de segundo, sin vacilación, sin arrepentimientos. ¿Te equivocaste? Sal inmediatamente, toma la pérdida, sigue adelante. ¿Acertaste? Toma la ganancia rápidamente, no seas codicioso. La disciplina no es opcional, es cuestión de supervivencia. Un momento de vacilación, un trade mantenido demasiado tiempo esperando que gire, y tu día está arruinado.

El scalping requiere presencia total. No puedes hacer scalping mientras ves Netflix o chateas en WhatsApp. Es concentración absoluta durante horas. Muchos scalpers profesionales no tradean más de 2-3 horas al día porque más allá de eso la concentración baja y los errores aumentan. Es mental y emocionalmente agotador. Si no amas la adrenalina, si el estrés te paraliza en lugar de enfocarte, el scalping te destruirá.

Los costos son el enemigo oculto del scalper. Comisiones, spread, slippage: en cada trade pagas, y cuando haces cientos de trades estos costos se acumulan. Puedes tener un win rate del 60% y aún así perder dinero si los costos devoran tus ganancias. Por esto los scalpers profesionales negocian comisiones reducidas con los brokers, usan solo instrumentos con spreads mínimos, y calculan obsesivamente su costo por trade.

### Day Trading: El Equilibrio Dinámico

El day trading es el compromiso perfecto entre la intensidad del scalping y la paciencia del swing trading. Abres y cierras posiciones en el mismo día, capturando movimientos intraday significativos sin el riesgo overnight. Es lo suficientemente rápido como para ser emocionante, lo suficientemente lento como para permitirte pensar. Para muchos traders intermedios, es el punto dulce donde habilidad, oportunidad y manejabilidad se encuentran.

El día del day trader comienza antes de la apertura del mercado. Revisas las noticias overnight, los futuros, los mercados asiáticos y europeos si tradeas acciones USA. Identificas los catalizadores del día: earnings, datos económicos, eventos que moverán los mercados. Preparas tu watchlist, identificas niveles clave, planificas posibles trades. Cuando el mercado abre, estás listo, no estás improvisando.

El momentum trading es el pan de cada día del day trader. Buscas stocks o activos que se mueven con volumen y velocidad superiores a la norma. ¿Un título que abre gap up del 5% con noticias positivas y continúa subiendo con volumen? Le saltas encima para cabalgar el momentum. Pero siempre con stop loss ajustados y objetivos claros. El momentum puede girar rápidamente, y cuando gira, quieres estar ya afuera.

Los gap trades son otra especialidad del day trading. Cuando un título abre significativamente por encima o debajo del cierre del día anterior, crea oportunidades. Gap and go: el gap continúa en la misma dirección. Gap fill: el precio vuelve a llenar el gap. Ambos son tradeables si sabes leerlos. El volumen en la apertura te dice qué escenario es más probable.

El day trading requiere una gestión del tiempo impecable. Las primeras y últimas horas de trading son donde sucede el 80% de la acción. Muchos day traders se concentran solo en estos períodos, evitando el "chop" de medio día donde el mercado se mueve sin dirección. Power hour, la última hora de trading, es particularmente importante: es cuando los traders institucionales ajustan las posiciones y los movimientos pueden ser explosivos.

La tecnología es importante en el day trading pero no tanto como en el scalping. Una buena plataforma con charting decente, Level 2 quotes, y hotkeys para órdenes rápidas es suficiente. No necesitas infraestructura de Fórmula 1, pero tampoco puedes confiar en plataformas básicas. Es el equilibrio: inviertes en herramientas que te dan ventaja sin exagerar.

El journaling es crucial para el day trader. Cada trade documentado: por qué entraste, dónde pusiste stop y objetivo, qué sucedió, qué aprendiste. Los patrones se repiten, y revisar tus trades te muestra qué setups funcionan para ti y cuáles no. No es glamuroso, pero es la diferencia entre crecer como trader y repetir los mismos errores infinitamente.

La psicología del day trading es gestionar la intensidad sin dejarse abrumar. Es emocionante pero no frenético, rápido pero no precipitado. Debes estar presente y enfocado durante las horas de mercado, pero puedes desconectarte completamente cuando cierra. Nada de estrés por posiciones overnight, nada de despertarte a las 3 para revisar los futuros. Es un trabajo intenso con límites claros, y para muchos es el equilibrio perfecto.

El day trading no es riqueza fácil o emociones gratuitas. Es una profesión que requiere habilidad, disciplina, capital adecuado y sobre todo la capacidad de tratarlo como un negocio, no como un casino. Hecho bien, ofrece libertad, flexibilidad y potencial de ganancia ilimitado. Hecho mal, es el camino más rápido para vaciar la cuenta. La diferencia está toda en la preparación, en la disciplina y en la humildad de seguir aprendiendo cada día.

# Capítulo 8: Gestión del Riesgo

La gestión del riesgo es lo que separa a los traders que sobreviven de los que desaparecen. No es la parte glamurosa del trading, no es la que hace latir el corazón o que atrae la atención en las fiestas. Pero es la que te mantiene en el juego el tiempo suficiente para volverte bueno. Puedes tener la mejor estrategia del mundo, leer los gráficos como un libro abierto, predecir los movimientos del mercado con precisión quirúrgica, pero sin gestión del riesgo eres solo otro nombre en la lista infinita de traders que lo perdieron todo.

Los mercados son caos organizado. Un tweet de Elon Musk puede hundir o disparar una crypto. Un barco encallado en el canal de Suez puede desestabilizar las cadenas de suministro globales. Un banco central que cambia una palabra en un comunicado puede invertir tendencias que duraban meses. No puedes controlar estos eventos, no puedes preverlos todos, pero puedes controlar cuánto pueden dañarte. Esto es la gestión del riesgo: no es evitar el peligro, es sobrevivirlo.

El capital es el oxígeno del trader. Sin él, estás muerto. No importa cuán bueno seas, cuántas oportunidades veas, cuánta experiencia hayas acumulado. Cero capital significa game over. Por esto la primera regla del trading no es ganar dinero, es no perder el que tienes. Parece conservador, parece aburrido, pero es la diferencia entre quien hace trading desde hace años y quien dura pocos meses. Cada trader profesional te dirá lo mismo: la primera prioridad es proteger el capital, las ganancias vienen después.

## Los Fundamentos: Construir las Defensas

La gestión del riesgo comienza antes incluso de abrir una posición. Comienza con la brutal honestidad sobre cuánto puedes permitirte perder. No cuánto esperas perder, no cuánto piensas perder, sino cuánto puedes perder sin que tu vida cambie.

Si perder ese dinero te impedirá pagar el alquiler, no es dinero para trading. Si perderlo te mantendrá despierto por la noche, no es dinero para trading. El capital de trading debe ser dinero que, psicológica y financieramente, puedes permitirte ver evaporarse.

La tolerancia al riesgo no es valentía, es conocimiento de uno mismo. Algunos traders pueden ver su cuenta oscilar un 20% sin pestañear. Otros entran en pánico con un drawdown del 5%. No hay correcto o incorrecto, solo hay honestidad sobre quién eres. Si un -10% te hace perder el sueño, tu estrategia debe estar construida para evitar drawdowns superiores al 5%. Forzar una tolerancia al riesgo que no tienes es la receta para decisiones emocionales y desastrosas.

Tu plan de gestión del riesgo debe estar escrito, detallado, y seguido religiosamente. ¿Cuánto arriesgas por trade? La regla clásica del 1-2% del capital no es arbitraria, es matemática de supervivencia. Con un riesgo del 2% por trade, puedes equivocarte 50 veces seguidas antes de vaciar la cuenta. ¿Parece imposible? No lo es. Rachas perdedoras de 10-15 trades suceden incluso a los mejores. La diferencia es que ellos sobreviven para contarlo.

Pero el riesgo por trade es solo el principio.

¿Cuál es tu riesgo máximo diario?

Si pierdes 3 trades seguidos, ¿continúas o te detienes?

¿Y semanal? ¿Y mensual? Estos límites no son señales de debilidad, son sistemas de seguridad. Cuando estás en tilt, cuando el mercado parece estar en tu contra, estos límites te salvan de ti mismo. Te fuerzan a detenerte, respirar, reanalizar, en lugar de perseguir las pérdidas en una espiral autodestructiva.

El análisis del riesgo debe volverse automático.

Antes de cada trade:

¿cuál es lo máximo que puedo perder?

¿Cuál es la relación riesgo/beneficio?

¿Vale la pena arriesgar 100 para ganar 50? No. Nunca. El mínimo aceptable es 1:2, mejor 1:3. Esto significa que incluso con un win rate del 40%, sigues siendo rentable. Es matemática, no opinión.

# Las Herramientas: Tus Armas Defensivas

El stop loss no es una sugerencia, es ley. Cada posición sin stop loss es una catástrofe potencial esperando suceder. "Pero la estoy mirando, cierro si va mal" - no, no lo haces. Cuando el trade va en tu contra, la esperanza toma el control. "Espero un poco más, podría girar". Y mientras esperas, la pequeña pérdida se vuelve mediana, luego grande, luego catastrófica. El stop loss elimina la emocionalidad de la decisión. Es predeterminado, no negociable, salvavidas.

El position sizing es el arte subestimado del risk management. No se trata solo de cuánto arriesgas, sino de cómo lo distribuyes. Activos más volátiles requieren posiciones más pequeñas. Mercados más líquidos permiten posiciones más grandes. ¿Correlaciones entre tus posiciones? Si tienes 5 trades abiertos todos largos en tech stocks, no tienes 5 trades diferentes, tienes un único gran trade enmascarado. Una mala noticia sobre el sector y los 5 se derrumban juntos.

La diversificación en el trading no es comprar 20 activos diferentes al azar. Es entender las correlaciones y construir un portafolio que pueda sobrevivir a diferentes escenarios. ¿Long EUR/USD y short USD/JPY? Son ambos trades cortos en el dólar, aunque parezcan diferentes. Oro y bonos a menudo se mueven juntos en los risk-off. Conocer estas correlaciones te permite diversificar de verdad, no solo hacerte ilusiones de que lo haces.

El journaling es gestión del riesgo a largo plazo. Cada trade documentado: entrada, salida, motivación, resultado, emociones. Con el tiempo, emergen patrones. Descubres que siempre pierdes cuando tradeas después de una racha perdedora. O que tu win rate se desploma los viernes por la tarde. O que cuando ignoras tu stop loss original, siempre termina mal. Estos datos son oro puro para mejorar tu risk management.

El risk-adjusted return es cómo mides realmente el éxito. No es cuánto ganas, es cuánto ganas en relación a cuánto arriesgas. Un +50% anual con drawdown del 60% es peor que un +20% con drawdown del 10%. El Sharpe ratio, el Sortino ratio, estos no son números para nerds, son medidas de cuán eficientemente estás usando el riesgo. Un trader que hace +30% arriesgando lo mínimo indispensable es mejor que uno que hace +50% apostándolo todo al rojo.

La verdad sobre la gestión del riesgo es que no es sexy. No sale en las noticias. Nadie presume en el bar de cómo limitó las pérdidas al 2%. Pero es lo que te permite estar todavía aquí dentro de un año, dentro de cinco, dentro de diez. Es lo que transforma el trading de gambling en profesión. ¿Es aburrido? Sí. ¿Es necesario? Absolutamente.

Los traders perdedores siempre buscan el próximo gran trade, el golpe que los hará ricos. Los traders ganadores buscan no perder, sabiendo que las ganancias son la consecuencia natural de una buena defensa. En el trading, como en el boxeo, no gana quien golpea más fuerte, gana quien queda en pie al final. Y para quedarte en pie, debes saber cómo protegerte.

La gestión del riesgo no elimina las pérdidas, las hace manejables. No elimina el miedo, lo transforma en respeto por el mercado. No garantiza ganancias, pero garantiza supervivencia. Y en el trading, la supervivencia es la victoria más importante. Porque mientras estés en el juego, siempre tienes otra oportunidad. Pero cuando tu cuenta está en cero, el juego terminó, y no importa cuán bueno eras o cuántas oportunidades hay ahí fuera.

**Il Risk Management**

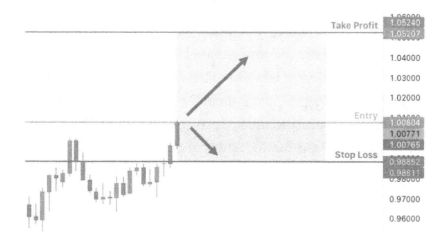

Mira este gráfico y grábalo en tu mente. Es la visualización perfecta de lo que separa el gambling del trading profesional. ¿Ves el punto de Entry? Es donde entras al trade, pero no es el momento más importante. Los momentos cruciales son los otros dos: el Stop Loss abajo y el Take Profit arriba. Estos dos niveles, decididos ANTES de entrar, lo determinan todo.

El Stop Loss no es donde esperas que el precio no llegue. Es donde ACEPTAS salir si te equivocaste. En el gráfico, está posicionado debajo del entry, a una distancia que representa lo máximo que estás dispuesto a perder en este trade. Si el precio lo toca, estás fuera. Nada de "veamos si rebota", nada de "espero un poco más". Fuera. La pérdida está limitada, controlada, aceptable.

El Take Profit es la otra cara de la moneda. Es donde tomas las ganancias y agradeces. No donde esperas que el precio llegue y luego continúe al infinito. Es tu objetivo realista basado en el análisis, y cuando se alcanza, sales con una sonrisa. En el gráfico, nota cómo el Take Profit está más lejos del entry que el Stop Loss. Esto es la relación riesgo/beneficio en acción: arriesgas 1 para ganar 2 o más. La zona superior y la inferior no son solo áreas decorativas en el gráfico. Son tu destino predeterminado. Antes incluso de entrar al trade, sabes exactamente cuánto puedes perder (zona abajo) y cuánto quieres ganar (zona arriba).

No hay suspenso, no hay ansiedad. Es matemática pura: si este trade tiene el 50% de probabilidad de éxito y la relación risk/reward es 1:2, a largo plazo eres rentable.

Este gráfico representa también la disciplina. Esos niveles no se mueven después de que has abierto el trade. No desplazas el stop loss más abajo cuando el precio se acerca. No cancelas el take profit esperando ganancias mayores. Los configuraste con mente lúcida antes de tener skin in the game, y los respetas cuando las emociones intentan tomar el control.

## Consideraciones de Mercado y Tipos de Activos

Cada mercado tiene su personalidad, cada activo su carácter. Aplicar la misma gestión del riesgo a Bitcoin y a los Treasury Bonds es como usar la misma estrategia para domar un león y un gato doméstico. Técnicamente son ambos felinos, prácticamente uno puede matarte y el otro como mucho te araña. La gestión del riesgo debe adaptarse no solo a tu perfil sino también a qué estás tradeando y en qué condiciones de mercado.

La volatilidad es el latido cardíaco del mercado. Algunos activos tienen un latido regular y predecible, otros parecen en fibrilación permanente. Las crypto pueden moverse un 20% en un día como si nada. Las major forex raramente se mueven más del 1-2%. Las penny stocks pueden duplicarse o reducirse a la mitad en horas. Los bonos investment grade se mueven con la velocidad de un glaciar. No puedes arriesgar el mismo 2% en todos: es matemáticamente suicida.

En los mercados volátiles como las crypto, tu 2% de riesgo estándar se convierte en 1% o incluso 0.5%. ¿Por qué? Porque un movimiento "normal" del 10% puede barrerte antes de que puedas reaccionar. Tu stop loss debe ser más amplio para no ser golpeado por el ruido, pero esto significa posiciones más pequeñas para mantener el riesgo constante. Es contraintuitivo pero vital: más volatilidad, posiciones más pequeñas, no más grandes para "aprovechar" los movimientos.

## Adaptar el Risk Management por Activo

Las acciones son el campo de juego más variado. Apple se mueve como un camión cisterna: lenta, predecible, con momentum claro. Una biotech pre-revenue se mueve como una esquirla enloquecida: puede triplicarse con una noticia o desplomarse un 80% por un trial fallido. No puedes tradear ambas de la misma manera. Con las blue chips puedes permitirte stops más ajustados y posiciones más grandes. Con las small caps volátiles, debes dar espacio al trade para respirar o serás sacado constantemente por el ruido.

El forex es el reino del apalancamiento, y el apalancamiento es dinamita financiera. Con apalancamiento 50:1, un movimiento del 1% en tu contra significa -50% sobre el capital. El position sizing en forex no es opcional, es supervivencia. La fórmula es simple pero sagrada: decides el riesgo en euros, divides por los pips del stop loss, multiplicas por el valor del pip. Si arriesgas 100€ con stop a 20 pips en EUR/USD, tu position size es 50.000 unidades. No más, nunca, por ninguna razón.

Las crypto son el salvaje oeste de los mercados financieros. No solo son volátiles, sino que pueden tener problemas de liquidez, exchanges que colapsan, hackeos, prohibiciones gubernamentales repentinas. El risk management en las crypto no es solo stop loss y position sizing, es también diversificación entre exchanges, cold storage para posiciones a largo plazo, y la regla de oro: nunca más del 5-10% del portafolio total en crypto, no importa cuán alcista estés.

Las commodities tienen sus peculiaridades. El petróleo puede hacer gap del 5% por tensiones en Medio Oriente. El oro se mueve con dinámicas completamente diferentes a las acciones. El trigo tiene estacionalidades predecibles. Cada commodity requiere comprensión del mercado subyacente: quiénes son los jugadores principales, qué eventos mueven los precios, cuándo salen los reportes que causan volatilidad. Tradear el café sin saber cuándo salen los reportes sobre la cosecha brasileña es gambling, no trading.

**Herramientas para Medir y Adaptarse**

El ATR (Average True Range) es tu termómetro de volatilidad. Te dice cuánto se mueve en promedio un activo en un período. ¿ATR de 2$ en una acción de 100$? Volatilidad del 2%, manejable. ¿ATR de 20$ en la misma acción? Volatilidad del 20%, se necesitan ajustes drásticos. Usa el ATR para posicionar los stops: 1.5-2x ATR desde el precio de entrada usualmente da suficiente espacio sin arriesgar demasiado.

Los eventos de mercado son multiplicadores de volatilidad. NFP en forex, earnings en acciones, halving en crypto: estos eventos pueden duplicar o triplicar la volatilidad normal. Durante estos períodos tienes tres opciones: reducir las posiciones a la mitad, ampliar los stops (aceptando más riesgo), o quedarte fuera completamente. La tercera opción es a menudo la mejor. No debes tradear cada movimiento, debes tradear los que entiendes.

La correlación es el asesino oculto del risk management. Piensas que estás diversificado con 10 posiciones, luego descubres que todas están correlacionadas. ¿Long en S&P, Nasdaq y 5 tech stocks? Es una sola apuesta risk-on enmascarada como diversificación. Durante los sell-offs, correlaciones que normalmente son 0.3 saltan a 0.9. Todo se desploma junto. El verdadero risk management considera las correlaciones extremas, no las promedios.

El régimen de mercado influye en todo. En un bull market tranquilo, estrategias agresivas funcionan y el risk management parece excesivo. En mercados volátiles o bear markets, el mismo enfoque te destruye. Debes reconocer el régimen y adaptarte. ¿VIX por encima de 30? Corta las posiciones a la mitad. ¿Tendencia clara y estable? Puedes ser más agresivo. ¿Mercado lateral choppy? Stops más amplios o quédate fuera.

La revisión continua no es perfeccionismo, es supervivencia. Cada mes, revisa tus resultados por clase de activo. ¿Dónde estás perdiendo más? ¿Es la estrategia o es el activo? ¿Las crypto te están matando con la volatilidad? Reduce la exposición. ¿El forex te está dando resultados consistentes? Quizás puedes aumentar ligeramente. Pero siempre gradualmente, nunca cambios drásticos basados en pocas semanas de datos.

La verdad sobre el risk management adaptativo es que requiere humildad. Debes admitir que diferentes mercados requieren diferentes enfoques. No puedes ser un "crypto trader" que ocasionalmente toca las acciones, o un "forex specialist" que juega con las commodities. Cada mercado requiere respeto, estudio, y un enfoque de risk management a medida.

El mercado no se adapta a ti, tú te adaptas al mercado. Y si no puedes o no quieres adaptarte, la solución es simple: no tradees ese mercado. Mejor ser experto en un área con risk management perfeccionado que aficionado en diez con enfoque genérico. En el trading, la especialización paga, y el risk management especializado salva.

# Dos Caras del Risk Management: Casos de Estudio

### Nick Leeson y el Colapso de Barings Bank (1995): Cuando el Risk Management No Existe

Nick Leeson tenía 28 años cuando destruyó un banco de 233 años. Barings Bank, el banco de la Reina de Inglaterra, sobreviviente de dos guerras mundiales, de la Gran Depresión, de crisis infinitas, fue aniquilado por un solo trader en Singapur. ¿Cómo es posible? Simple: cero risk management, ego fuera de control, y la esperanza de que el mercado "debía" girar.

Leeson era responsable tanto del trading como del back office en Singapur - primer error catastrófico de risk management. Era como darle a alguien las llaves de la caja fuerte y decirle que se controle a sí mismo. Comenzó ocultando pequeñas pérdidas en una cuenta secreta, la ya infame cuenta "88888". En lugar de admitir errores de pocos miles de libras, decidió "arreglarlos" con trades más grandes. La espiral de la muerte había comenzado.

El 17 de enero de 1995, el terremoto de Kobe golpeó Japón. El Nikkei se derrumbó. Leeson estaba masivamente largo en el mercado japonés a través de futuros. Cualquier trader con un mínimo de risk management habría cortado las pérdidas. Leeson en cambio duplicó, triplicó, cuadruplicó la posición. Vendió straddles (apostando que el mercado permanecería estable) justo cuando la volatilidad explotaba. Estaba convencido de que el Nikkei debía rebotar.

En febrero de 1995, Leeson controlaba posiciones por 7 mil millones de dólares, mientras que el capital total de Barings era 615 millones. Una exposición de más de 10 veces el capital del banco en un solo trade, en un solo mercado, gestionado por una sola persona. No había stop loss, no había límites de posición, no había supervisión real. Solo había esperanza.

El 23 de febrero, Leeson huyó dejando una nota: "I'm sorry". Las pérdidas ascendían a 827 millones de libras, 1.3 mil millones de dólares. Barings Bank fue vendido a ING por 1 libra. Una de las instituciones financieras más antiguas del mundo reducida a escombros por un trader que nunca había oído hablar de position sizing, stop loss, o límites de exposición.

Las lecciones son brutales pero claras. Nunca tradees el dinero que no es tuyo con apalancamiento extremo. Nunca ocultes las pérdidas esperando recuperarlas. Nunca dupliques una posición perdedora. Nunca tengas el 100% (ni hablar del 1000%) del capital en un solo trade. Y sobre todo, nunca dejes que el ego tome el control. El mercado no debe hacer nada, no te debe nada, y puede permanecer irracional mucho más tiempo del que tú puedes permanecer solvente.

**Paul Tudor Jones y el Lunes Negro (1987): El Triunfo del Risk Management**

El 19 de octubre de 1987, el Dow Jones cayó un 22.6% en un solo día. Fue el mayor desplome porcentual diario de la historia. Hedge funds fueron barridos, traders individuales arruinados, pánico total. Paul Tudor Jones ese día hizo el 62% de ganancia. En un mes, su fondo estaba arriba un 200%. ¿Cómo? Risk management maníaco y preparación obsesiva.

Jones había estudiado cada crash de mercado de la historia. Sabía que los patrones se repiten. En el verano de 1987, vio señales por todas partes: valuaciones extremas, sentimiento eufórico, divergencias técnicas. Pero no hizo short a ciegas esperando el crash. Construyó una posición con risk management quirúrgico.

Primero, dimensionamiento. Jones nunca puso más del 2% del fondo en una sola idea, no importaba cuán convencido estuviera. Cuando comenzó a shortear el S&P 500, lo hizo gradualmente, agregando solo cuando el mercado confirmaba su tesis. Usó opciones put en lugar de shorts directos para limitar el riesgo máximo a la prima pagada. Genial: riesgo limitado, recompensa potencialmente ilimitada.

Su stop loss mental era clarísimo: si el S&P hubiera hecho nuevos máximos, estaba fuera. No importaba cuánto creyera en el crash inminente. Nuevo máximo = tesis equivocada = salir. Nada de ego, nada de "el mercado está loco", solo disciplina férrea. El mercado es el árbitro final, siempre.

Pero el verdadero genio fue en la gestión de la posición durante el crash. Mientras todos estaban paralizados por el pánico, Jones tenía un plan preciso. Cubría los shorts en oversold extremos, volvía a shortear en los rebotes. No intentó tomar todo el movimiento. Tomó ganancias progresivamente mientras el mercado se derrumbaba, reduciendo la exposición a medida que el risk/reward empeoraba.

Después del crash, mientras otros estaban traumatizados o arruinados, Jones estaba líquido y listo. Compró agresivamente el bottom, siempre con stop loss, siempre con position sizing apropiado. Su fondo terminó el año +200% mientras el S&P seguía negativo.

¿La diferencia entre Jones y otros que habían previsto el crash pero perdieron igual? Risk management. Muchos tenían razón sobre la dirección pero eran demasiado tempranos, demasiado apalancados, o sin stop loss. Tener razón sobre el mercado no basta, debes tener razón con el timing, el sizing, y la estrategia de salida. Jones lo tenía todo.

**Las Lecciones Eternas**

Leeson y Jones representan los dos extremos del risk management. Leeson: cero planificación, apalancamiento infinito, esperanza como estrategia, ego sobre la matemática. Resultado: destrucción total. Jones: planificación maníaca, riesgo definido, disciplina sobre la opinión, humildad ante el mercado. Resultado: una de las carreras más exitosas en la historia del trading.

La diferencia no fue la inteligencia - Leeson no era estúpido. No fue la suerte - Jones no fue "afortunado" durante 30 años de carrera. Fue el enfoque hacia el riesgo. Uno lo ignoró, el otro lo respetó. Uno pensó ser más fuerte que el mercado, el otro entendió que el mercado es siempre el jefe.

Estos casos no son historia antigua. Cada año hay un nuevo Leeson que explota espectacularmente: Archegos en 2021 (20 mil millones perdidos), el colapso de FTX en 2022 (32 mil millones evaporados), siempre la misma historia: apalancamiento excesivo, nada de risk management, ego fuera de control. Y cada año hay traders como Jones que navegan las crisis y prosperan, siempre con la misma receta: respeto por el riesgo, disciplina, humildad.

El risk management no es sexy. No sale en las noticias decir "limité las pérdidas al 2%". Pero es la diferencia entre una carrera de 30 años y una explosión después de 30 días. Elige tu modelo: ¿quieres ser recordado como el que destruyó un banco centenario o como una leyenda del trading? La elección se hace cada día, cada trade, cada decisión sobre cuánto arriesgar. Elige sabiamente.

# Capítulo 9: El Apalancamiento Financiero

El apalancamiento financiero es droga para traders. Te da un rush increíble, multiplica todo, te hace sentir invencible. Con 1000 euros controlas 100.000 euros de posición. Un movimiento del 1% a tu favor y has duplicado el dinero. Te sientes un genio, un mago de los mercados, el próximo Warren Buffett. Luego el mercado se mueve un 1% en tu contra y estás en cero. Game over. Nada de resurrecciones, nada de segundas oportunidades. El apalancamiento es el amplificador definitivo: toma lo que eres como trader y lo multiplica. Si eres disciplinado, puede acelerar tu crecimiento. Si eres emocional e indisciplinado, acelera tu destrucción.

La historia del apalancamiento es antigua como el comercio mismo. Los mercaderes venecianos de la Edad Media tomaban prestado para financiar expediciones hacia Oriente. Si el barco regresaba cargado de especias, las ganancias eran enormes. Si se hundía, lo perdían todo y terminaban en prisión por deudas. Nada ha cambiado en 500 años, solo que ahora el "barco" es una posición en EUR/USD y la "prisión" es un margin call que vacía tu cuenta en segundos.

Hoy el apalancamiento está en todas partes. En Forex, apalancamientos de 100:1, 200:1, incluso 500:1 son comunes. Significa que con 200 euros controlas 100.000 euros de divisa. Los movimientos en Forex son pequeños, fracciones de porcentaje, así que el apalancamiento extremo parece sensato. Hasta que no lo es. Un movimiento del 0.5% en tu contra con apalancamiento 200:1 significa -100% de tu capital. No -100% de la ganancia, -100% de todo. Cero. Nada. Terminado.

## Cómo Funciona el Apalancamiento Financiero

El mecanismo es engañosamente simple. Tú pones el margen, el broker te presta el resto. Con apalancamiento 10:1, pones 1000 euros, el broker te presta 9000, controlas 10.000 euros de posición. Nunca ves esos 9000 euros, no los tocas, pero están ahí, amplificando cada movimiento del precio. Es como conducir un auto que va 10 veces más rápido de lo que muestra el velocímetro. Piensas que vas a 50, estás yendo a 500.

El margen es tu skin in the game, la garantía que le das al broker. No es un costo, es un depósito. Si el trade va bien, te lo devuelven con las ganancias. Si va mal, se lo quedan para cubrir las pérdidas. Pero aquí está el truco: el margen no es tu riesgo máximo. Con el apalancamiento, puedes perder mucho más que el margen. Si tienes 1000 euros de margen con apalancamiento 100:1 y el mercado se mueve un 1% en contra, no pierdes 10 euros. Pierdes 1000 euros. Todo.

El ejemplo práctico lo aclara todo. Quieres comprar EUR/USD. Piensas que el euro subirá. Tienes 2000 euros. Sin apalancamiento, compras 2000 euros de posición. El euro sube un 1%, ganas 20 euros. Con apalancamiento 50:1, controlas 100.000 euros de posición. El euro sube un 1%, ganas 1000 euros. Fantástico, ¿verdad? Pero si el euro baja un 1%, pierdes 1000 euros. La mitad de tu capital. En un movimiento del 1%. Que en Forex sucede cada día, a veces cada hora.

En el trading de acciones, el apalancamiento es más contenido. En USA, la Regulation T limita el apalancamiento a 2:1 para el day trading, 4:1 para pattern day traders. En Europa, los límites son similares. Parece poco después del 100:1 del Forex, pero es más que suficiente para amplificar tanto ganancias como pérdidas. Con apalancamiento 2:1, un desplome del 50% (que sucede, pregúntale a quien tenía tech stocks en 2000 o bancos en 2008) significa -100% del capital.

# Los Beneficios del Apalancamiento (Cuando se Usa Bien)

El apalancamiento te permite hacer cosas imposibles con solo tu capital. Con 10.000 euros y apalancamiento 10:1, controlas 100.000 euros de posiciones. Puedes diversificar en 10 activos en lugar de 1. Puedes aprovechar pequeños movimientos que sin apalancamiento serían irrelevantes. Un movimiento del 0.1% en una posición apalancada 100:1 es un 10% sobre tu capital. En Forex, donde movimientos del 0.1% suceden continuamente, esto puede traducirse en ganancias consistentes.

El apalancamiento democratiza los mercados. Antes, solo los ricos podían permitirse tradear en serio. Se necesitaban cientos de miles para hacer ganancias decentes. Ahora, con pocos miles y apalancamiento apropiado, cualquiera puede participar. Es un arma de igualación financiera, si se usa con sabiduría.

Para los traders profesionales, el apalancamiento es una herramienta de eficiencia del capital. ¿Por qué bloquear 100.000 euros para controlar 100.000 euros de posición cuando puedes usar 10.000 con apalancamiento 10:1 e invertir los restantes 90.000 en otra parte? Es optimización del capital, no gambling. Pero esto funciona solo si tienes la disciplina de un monje y el risk management de una compañía de seguros.

El timing perfecto se vuelve posible con el apalancamiento. ¿Ves un setup excepcional que sucede una vez al mes? Con el apalancamiento, puedes asignar capital significativo cuando las probabilidades están realmente de tu lado, en lugar de tener siempre la misma exposición. Es concentración inteligente del riesgo, no dispersión casual.

El apalancamiento en el hedging es donde realmente brilla. Las empresas usan futuros y opciones (intrínsecamente apalancados) para protegerse de movimientos de divisa o commodity. Con pocos millones pueden cubrir exposiciones de cientos de millones. No es especulación, es protección eficiente del capital.

Pero recuerda: todos estos beneficios existen solo si tienes control férreo, disciplina absoluta y risk management impecable. El apalancamiento amplifica todo: competencia e incompetencia, disciplina y caos, ganancias y pérdidas. No perdona errores, no da segundas oportunidades. Es la prueba definitiva de cuán bueno eres realmente como trader. Y la mayoría de las personas descubre, dolorosamente, que no es lo suficientemente buena para manejarlo.

## Riesgos del Apalancamiento: El Lado Oscuro del Multiplicador

Si el apalancamiento es un amplificador, amplifica todo: no solo las ganancias sino también las pérdidas, no solo la competencia sino también los errores, no solo la estrategia sino también la emocionalidad. Es matemática despiadada: con apalancamiento 100:1, un movimiento del 1% en tu contra significa -100% del capital. No es teoría, sucede cada día a miles de traders que pensaban ser la excepción.

El primer y más obvio riesgo del apalancamiento es la amplificación de las pérdidas. Pero "amplificación" es una palabra demasiado gentil para describir lo que sucede. Es multiplicación exponencial de la destrucción. Con apalancamiento 10:1, una pérdida del 10% en el subyacente se convierte en -100% de tu capital. Con apalancamiento 50:1, basta un movimiento del 2% en la dirección equivocada y terminaste.

La mayoría de los traders no entiende esta matemática hasta que no la vive en carne propia. Piensan en términos de "cuánto puedo ganar" en lugar de "qué tan rápido puedo perderlo todo". Un trader con 5000 euros y apalancamiento 100:1 controla 500.000 euros de posición. Parece fantástico hasta que no te das cuenta de que un movimiento del 0.5% en contra - que en Forex sucede en minutos - significa perder 2500 euros, la mitad del capital, en un parpadeo.

Pero el problema real no es la pérdida catastrófica única. Es la erosión constante del capital a través de pérdidas moderadas pero apalancadas. ¿Pierdes el 20% con apalancamiento 5:1? Ahora necesitas una ganancia del 25% solo para volver a cero. ¿Pierdes el 50% con apalancamiento alto? Necesitas +100% para recuperar. La matemática de la recuperación con apalancamiento es brutal: cuanto más pierdes, exponencialmente más difícil se vuelve recuperar.

## Margin Call: La Ejecución Pública de Tu Cuenta

El margin call es el momento en que el broker dice "basta". Tu equity ha caído por debajo del margen de mantenimiento, y tienes dos opciones: deposita más dinero inmediatamente o cerramos todo. Es humillante, estresante, y a menudo llega en el peor momento posible - cuando el mercado está en tu contra y depositar más dinero significa tirarlo al fuego.

Pero el margin call no es el enemigo, es la última línea de defensa. Sin él, podrías ir en negativo, debiendo dinero al broker además de perder todo tu capital. El problema es que muchos traders ven el margin call como una oportunidad para "promediar a la baja" en lugar de como una señal de que lo han hecho todo mal.

La espiral del margin call es letal. Recibes el call, depositas otros 2000 euros para mantener la posición. El mercado continúa en tu contra, otro margin call. Depositas de nuevo, vaciando la cuenta del banco, usando la tarjeta de crédito, pidiendo préstamos. Es como tirar dinero bueno tras dinero malo, esperando que el mercado "debe" girar. No debe hacer nada. Puede continuar en tu contra hasta aniquilarte completamente.

### Liquidación Forzada: Game Over sin Apelación

Cuando no respondes al margin call, o cuando tu equity cae por debajo del nivel de liquidación, el broker cierra automáticamente tus posiciones. No pide permiso, no espera un momento mejor, no le importan tus esperanzas de recuperación. Click, cerrado, pérdidas cristalizadas, game over.

La liquidación forzada a menudo ocurre al peor precio posible. ¿El mercado está en panic selling? El broker debe vender igual. ¿Hay un spike de volatilidad? Liquidación en el pico del miedo. Es mecánico, despiadado, definitivo. ¿Y después? Te encuentras con la cuenta vacía o casi, mirando la pantalla preguntándote cómo pudo suceder tan rápido.

**El Riesgo Psicológico: El Apalancamiento en Tu Cabeza**

El apalancamiento no solo amplifica los movimientos de precio, amplifica tus emociones. Una posición apalancada 50:1 que va en tu contra no es solo estresante, es aterradora. Cada tick en contra es un golpe al estómago. No puedes dormir, no puedes pensar en otra cosa, revisas obsesivamente el teléfono.

Esta presión psicológica lleva a decisiones desastrosas. Cierras en pérdida en el mínimo absoluto porque no soportas más el estrés. O peor, duplicas la posición en el desesperado intento de recuperar. El apalancamiento transforma traders racionales en jugadores compulsivos, estrategas en esperanzados, profesionales en aficionados emocionales.

La "leverage addiction" es real. Después de experimentar el rush de un trade apalancado ganador, el trading normal parece aburrido. En lugar de apalancamiento 10:1, quieres 50:1. Luego 100:1. Luego 200:1. Como toda adicción, la tolerancia aumenta, se necesitan dosis cada vez mayores para el mismo efecto, hasta que la sobredosis es inevitable.

**El Riesgo de Contraparte: Cuando el Broker es el Problema**

Con el apalancamiento, no solo estás apostando al mercado, estás apostando a que tu broker sea solvente y honesto. ¿Qué sucede si el broker quiebra? ¿Si desaparece con tu dinero? ¿Si manipula los precios para hacerte saltar el stop loss? No es paranoia, ha sucedido. MF Global, Alpari, docenas de brokers crypto desaparecidos de la noche a la mañana.

Incluso brokers legítimos pueden tener "problemas técnicos" justo cuando necesitas cerrar una posición rentable. Requotes, slippage extremo, plataforma que "casualmente" se cae durante alta volatilidad. Con posiciones apalancadas, estos "problemas" pueden costarte todo el capital en segundos.

## El Costo Oculto: Intereses y Swap

El apalancamiento no es gratis. Estás tomando prestado dinero, y sobre los préstamos se pagan intereses. En Forex se llaman swap, en el trading de acciones margin interest. Parecen pequeños, fracciones de porcentaje al día. Pero se acumulan. Una posición apalancada mantenida durante semanas o meses puede ver las ganancias erosionadas completamente por los intereses.

Con apalancamiento alto, estos costos se vuelven significativos. Apalancamiento 50:1 significa que estás pagando intereses sobre 50 veces tu capital. Incluso una tasa "baja" del 5% anual se vuelve devastadora cuando se multiplica por 50. Es una hemorragia lenta pero constante que muchos traders ignoran hasta que se dan cuenta de que incluso cuando "ganan" en el movimiento del precio, pierden después de los costos.

El 90% de los traders que usan apalancamiento lo pierde todo en un año. No pierde "algo de dinero" o "tiene resultados decepcionantes". Pierde TODO. Cuentas en cero, márgenes llamados, liquidaciones forzadas. El apalancamiento es la causa principal de esta carnicería. No es el análisis equivocado o la estrategia inadecuada. Es la amplificación que transforma errores manejables en catástrofes irreversibles.

El apalancamiento es como el fuego: utilísimo si se controla, destructivo si se escapa de las manos. El problema es que la mayoría de los traders piensa que puede controlarlo hasta que es demasiado tarde. Lo usan cuando están emocionales, cuando están en pérdida, cuando están desesperados. Lo usan para recuperar rápido, para "hacer el golpe", para sentirse vivos.

Y el apalancamiento, implacable, hace su trabajo: amplifica todo, incluido su camino hacia la ruina.

# Capítulo 10: El Stop Loss - Tu Ángel Guardián en el Trading

Imagina conducir en la montaña sin barandillas. Cada curva podría ser la última, un momento de distracción y estás en el barranco. Ahora imagina la misma carretera con sólidas barreras de protección. Todavía puedes caer si haces algo realmente estúpido, pero tienes una protección que te salva de los errores normales. El stop loss es la barandilla del trading. Es esa línea en la arena que dice "hasta aquí y no más lejos". Es la diferencia entre un mal día y el fin de tu carrera como trader.

El stop loss es una orden que colocas junto con tu posición que le dice al broker: "si el precio llega aquí, cierra todo y sácame". No es una solicitud, no es una sugerencia, es una orden automática que se activa cuando el precio toca el nivel que has establecido. Si compras EUR/USD a 1.1000 y pones un stop loss en 1.0950, cuando el precio baja a 1.0950, boom, la posición se cierra automáticamente. Has perdido 50 pips, pero todavía tienes capital para luchar otro día.

La mecánica es simple pero genial. Cuando abres una posición, en realidad estás colocando dos órdenes: el entry que te mete en el trade y el stop loss que te saca si las cosas van mal. El broker monitorea constantemente el precio, y en el momento en que toca tu stop level, transforma automáticamente tu posición en una orden de mercado que cierra todo. Sucede en milisegundos, sin que tengas que hacer nada, sin que tengas que estar siquiera online.

¿Pero por qué es tan importante? Porque nosotros los seres humanos somos pésimos cortando las pérdidas. Cuando un trade va en nuestra contra, la esperanza toma el control. "Espero un poco más, podría girar". "Es solo una corrección temporal". "El mercado es irracional, yo tengo razón". Y mientras esperamos y racionalizamos, una pequeña pérdida se vuelve mediana, luego grande, luego catastrófica. El stop loss elimina esta debilidad humana de la ecuación. No espera, no racionaliza, no tiene ego. Ejecuta y punto.

## Los Diferentes Tipos de Stop Loss

El clásico stop loss es fijo: lo colocas en un nivel y queda ahí. Si estás largo en Apple a $150 con stop en $145, ese $145 no se mueve. Es simple, claro, fácil de calcular. Sabes exactamente cuánto arriesgas: $5 por acción. Si tienes 100 acciones, arriesgas $500. Fin de la historia. Este tipo de stop es perfecto para quien empieza porque no requiere decisiones complejas o ajustes continuos.

El trailing stop es la evolución inteligente del stop loss. Se mueve contigo cuando el trade va a tu favor, pero queda fijo cuando va en contra. Compras a $100 con trailing stop de $5. ¿El precio sube a $110? El stop sube automáticamente a $105. ¿Sube a $120? Stop en $115. Pero si desde $120 baja, el stop queda en $115. Es como tener un guardaespaldas que te sigue cuando avanzas pero mantiene la posición cuando hay peligro. Captura las ganancias mientras continúa protegiéndote de las inversiones.

El stop limit es para los perfeccionistas del control. No solo estableces cuándo salir (stop price) sino también el precio mínimo que aceptas (limit price). Stop en $95, limit en $94 significa: cuando el precio toca $95, coloca una orden de venta pero solo si puedes tener al menos $94. Útil en mercados poco líquidos donde un stop normal podría ejecutarse a precios terribles. ¿El problema? En caídas rápidas podría no ejecutarse en absoluto, dejándote dentro mientras el mercado se precipita.

El guaranteed stop es el búnker antiátomico de los stop loss. Pagas una prima extra al broker, pero a cambio garantizan la ejecución exactamente a tu precio, no importa qué suceda. Gaps nocturnos, flash crashes, noticias devastadoras: tu stop se ejecuta al precio establecido. Cuesta más pero en mercados volátiles o cuando mantienes posiciones overnight en activos riesgosos, puede valer cada centavo de la prima.

El mental stop es... una pésima idea. Es cuando "sabes" dónde cerrar pero no colocas la orden, pensando hacerlo manualmente cuando sea necesario. No funciona. Nunca. Cuando llega el momento, la emocionalidad toma el control. "Un minuto más". "Está por rebotar". "No puedo vender en el mínimo". El mental stop es como decir que tienes un paracaídas pero no te lo pones, lo tendrás en la mano y lo abrirás en el momento justo. Buena suerte con eso.

### Dónde Colocar el Stop Loss

Colocar el stop loss es un arte que equilibra protección y espacio para respirar. Demasiado cerca y te sacan por el ruido normal de mercado. Demasiado lejos y arriesgas demasiado capital en un solo trade. La regla base es ponerlo donde tu tesis se demuestra equivocada, no donde esperas que no llegue.

Si compras en un soporte, el stop va debajo del soporte. No un tick debajo, sino lo suficientemente debajo como para confirmar que el soporte se rompió. Si el soporte está en $50, el stop en $49.99 es estúpido - te sacarán en cada test del nivel. Stop en $49 o $48.50 da espacio al precio para testear el soporte sin desencadenar salidas falsas.

El ATR (Average True Range) es tu mejor amigo para stops inteligentes. Te dice cuánto se mueve normalmente un activo. ¿ATR de $2? Tu stop debería estar al menos a 1.5-2 ATR desde el precio de entrada. De lo contrario estás poniendo el stop dentro del ruido normal del mercado, garantizando prácticamente que te saquen aunque tu dirección sea correcta.

El risk-based stop parte del capital, no del gráfico. Decides cuánto quieres arriesgar (ejemplo 1% de la cuenta), luego calculas dónde debe estar el stop para respetar ese riesgo. Si tienes $10,000, arriesgas $100. Si el stop debe estar a $5 del entry por sentido técnico, puedes comprar 20 acciones ($100/$5). Es matemática pura que elimina la emocionalidad del sizing.

Nunca, nunca, NUNCA mover el stop loss más lejos después de haber abierto el trade. Es el camino hacia la ruina. El stop representa lo máximo que estabas dispuesto a perder cuando eras lúcido y objetivo. Moverlo cuando estás dentro del trade, emocional y esperanzado, es ceder a la debilidad que el stop debía proteger. Puedes moverlo más cerca para proteger ganancias, nunca más lejos para evitar pérdidas.

**La Psicología del Stop Loss**

El stop loss es difícil de aceptar psicológicamente porque representa la admisión de que podrías estar equivocado. Es poner negro sobre blanco que no eres infalible, que el mercado podría tener razón y tú estar equivocado. Para muchos traders, especialmente aquellos con ego grande, es intolerable. Prefieren arriesgar la catástrofe que admitir un pequeño error.

También está el miedo de ser sacado justo antes de que el mercado gire a tu favor. Sucede, y duele. Ves tu stop hit en $49.50, luego el precio rebota a $55. Te sientes estúpido, enojado, traicionado por el mercado. Pero por cada vez que sucede esto, hay diez veces en que el stop te salva de pérdidas mucho peores. Es el precio del seguro: a veces lo pagas y no lo necesitas, pero cuando realmente lo necesitas, vale cada centavo.

El "stop loss hunting" es la paranoia de que los brokers o los market makers muevan el precio a propósito para golpear los stops y luego hacer rearrancar el mercado. A veces sucede de verdad, especialmente donde hay clusters obvios de stops. Pero más a menudo es solo el movimiento normal del mercado que testea los niveles. La solución no es no usar stops, es colocarlos de manera menos obvia, lejos de los niveles redondos donde todos los ponen.

El síndrome del stop loss perfecto paraliza a muchos traders. Pasan tanto tiempo buscando la colocación perfecta que nunca entran al trade. O peor, entran sin stop pensando agregarlo "cuando encuentren el nivel correcto". No existe el stop perfecto, existe el stop que protege tu capital manteniendo la validez del trade. Siempre es un compromiso, acéptalo.

## Errores Comunes y Cómo Evitarlos

Usar la misma distancia de stop para cada trade es pereza mental. 50 pips de stop en EUR/USD no es igual a 50 pips en GBP/JPY. $5 de stop en Apple no es igual a $5 en Tesla. Cada activo tiene su volatilidad, cada setup su contexto. El stop debe adaptarse, no ser una fórmula fija.

Ignorar el spread es un error de principiantes que cuesta caro. ¿Tu stop está en 1.0950 pero el spread bid/ask es de 5 pips? Tu verdadero stop está en 1.0945. En mercados poco líquidos o durante noticias, los spreads pueden ampliarse enormemente, activando stops que parecían seguros.

No usar stop loss porque "igual siempre estoy mirando el mercado" es ilusión de control. ¿Y cuando tu conexión a internet se cae? ¿Cuando el broker tiene problemas? ¿Cuando tienes una emergencia y no puedes mirar? ¿Cuando duermes y hay una noticia devastadora? El stop loss trabaja 24/7, tú no.

El revenge trading después de ser sacado por el stop es un asesino de cuentas. Te sacan del trade, te enojas, vuelves a entrar inmediatamente con el doble de tamaño para "recuperar". Es emocionalidad pura, no trading. El stop hizo su trabajo: te protegió. Agradécele, analiza qué sucedió, y solo después, si todavía tiene sentido, considera un nuevo trade.

La verdad sobre el stop loss es que es el único verdadero amigo que tienes en el trading. No te miente, no te ilusiona, no te dice lo que quieres escuchar. Te protege de ti mismo, de tus debilidades, de tus esperanzas mal depositadas. Es incómodo como todos los verdaderos amigos que te dicen la verdad. Pero sin él, no eres un trader. Eres solo un jugador que espera tener suerte. Y en el mercado, la esperanza no es una estrategia, es una condena a muerte retrasada.

# Capítulo 11: El Mindset del Trader Ganador

El trading no es lo que haces, es en quien te conviertes mientras lo haces. Puedes conocer cada patrón, dominar cada indicador, calcular el risk/reward a la perfección, pero si tu mente no está alineada, todo esto no vale nada. El mercado es un espejo despiadado que refleja cada una de tus debilidades, cada miedo, cada ilusión. No puedes mentirle al mercado, no puedes negociar con él, no puedes convencerlo. La única variable que realmente controlas eres tú mismo.

Los traders ganadores no son los que mejor predicen el mercado. Son los que mejor se gestionan a sí mismos. Han desarrollado un mindset que transforma el caos del mercado en oportunidades sistemáticas. No es talento innato, es entrenamiento mental diario. Es la diferencia entre reaccionar emocionalmente a cada movimiento y responder estratégicamente según un plan. Es la capacidad de permanecer calmado mientras otros entran en pánico, disciplinado mientras otros improvisan, humilde mientras otros se dejan llevar por el ego.

La primera verdad del mindset ganador es la aceptación de la incertidumbre. El mercado es impredecible por naturaleza. No sabes qué sucederá mañana, dentro de una hora, dentro de un minuto. Y está bien así. Los traders perdedores pasan la vida intentando predecir el futuro, los ganadores se concentran en gestionar el presente. No buscan certezas donde no existen, construyen sistemas que prosperan en la incertidumbre. Cada trade es una probabilidad, no una garantía. Acéptalo y el trading se vuelve mucho menos estresante.

La rutina diaria separa a los profesionales de los aficionados. El trader ganador se despierta a la misma hora cada día de trading, hace la misma preparación, sigue el mismo proceso. Revisa los mercados overnight, lee las noticias relevantes, identifica los niveles clave, prepara la watchlist. No es obsesión, es estructura. El cerebro humano funciona mejor con rutinas estables. Cuando todo lo demás es automático, puedes concentrar la energía mental en las decisiones que realmente importan.

Antes de la apertura del mercado, está el ritual de preparación mental. Algunos meditan, otros hacen ejercicio, otros simplemente revisan las reglas de trading. El objetivo es entrar en el estado mental correcto: calmado pero atento, concentrado pero flexible, confiado pero no arrogante. Es como un atleta que se calienta antes de la carrera. No saltarías a una piscina helada sin preparación, ¿por qué saltar a los mercados sin preparación mental?

Durante el trading, el mindset ganador se manifiesta como presencia total. No estás pensando en la factura por pagar, en la discusión de ayer, en qué hacer el fin de semana. Estás aquí, ahora, completamente inmerso en el flujo del mercado. Cada distracción cuesta dinero. El multitasking en el trading es una mentira: o estás concentrado o estás jugando. Los traders ganadores cierran todo - redes sociales, email, teléfono. El mercado requiere y merece atención completa.

La gestión de las emociones no significa no tenerlas. Significa reconocerlas sin dejarse controlar. ¿Sientes miedo cuando el trade va en tu contra? Normal. Lo reconoces, lo aceptas, pero actúas según el plan, no según el miedo. ¿Sientes euforia cuando estás en ganancia? Bien. La notas, la aprecias, pero no te hace desviar de la estrategia. Las emociones son información, no comandos. El trader ganador las usa como tablero de control, no como piloto automático.

El journaling es el gimnasio mental del trader. Cada noche, revisas el día. No solo los trades - también el estado mental. ¿Estabas concentrado o distraído? ¿Seguiste las reglas o improvisaste? ¿Qué sentiste durante ese drawdown? ¿Por qué cerraste temprano ese ganador? El journal no es un diario, es una herramienta de optimización mental. Con el tiempo, emergen patrones: siempre cometes errores los viernes por la tarde, tradeas mejor después del ejercicio físico, pierdes el control después de tres pérdidas consecutivas. Esta conciencia es poder.

La gestión de las winning streaks es subestimada pero crucial. Ganar constantemente es tan peligroso como perder. El ego se infla, la disciplina se relaja, empiezas a sentirte invencible. "Estoy en zona, puedo aumentar el riesgo". "Las reglas son para principiantes, yo entendí el mercado". Es justo cuando todo va perfecto que debes ser más disciplinado. Los mercados tienen memoria corta pero venganza larga. La arrogancia siempre se castiga, solo es cuestión de tiempo.

Las losing streaks lo prueban todo. No solo la cuenta, sino la confianza, la estrategia, las ganas de continuar. El mindset ganador sabe que las losing streaks son matemáticamente inevitables. Incluso con un sistema rentable al 60%, puedes tener 10 pérdidas seguidas. Es estadística, no fracaso personal. Pero cuando sucede, el cerebro grita que el sistema no funciona, que perdiste el toque, que el mercado cambió. El trader ganador tiene un protocolo: después de X pérdidas consecutivas, stop por el día. Después de Y días negativos, reducción del tamaño. Después de Z drawdown, pausa completa para recalibrar. No es debilidad, es supervivencia inteligente.

El equilibrio vida-trading no es negociable para el éxito a largo plazo. El trading puede convertirse en obsesión tóxica. Revisas los futuros a las 3 de la madrugada, miras gráficos durante la cena familiar, piensas en setups cuando deberías dormir. Esto no es dedicación, es dependencia. El cerebro necesita desconectarse para funcionar al máximo. Los mejores traders tienen vidas ricas fuera de los mercados. Hobbies, familia, deportes, viajes. Cuando el trading es todo, cada pérdida es catástrofe existencial. Cuando es parte de una vida equilibrada, es solo trabajo.

La relación con el dinero debe ser sana. El dinero en la cuenta de trading no es "dinero" en el sentido emocional. Son herramientas, fichas, unidades de medida. Si cada fluctuación del P&L te hace latir el corazón, estás tradeando demasiado grande o con dinero que no puedes permitirte perder. El trader ganador ve el dinero como gasolina para la máquina del trading: necesaria pero no el objetivo. El objetivo es ejecutar el proceso perfectamente. Las ganancias son la consecuencia, no el objetivo.

Saber cuándo detenerse es sabiduría, no debilidad. Detenerse por el día cuando alcanzaste el objetivo. Detenerse cuando estás en tilt emocional. Detenerse por la semana si el mercado no se alinea con tu estilo. Y sí, incluso detenerte por completo si después de años de intentos honestos no funciona. No todos están hechos para el trading, como no todos están hechos para ser cirujanos o pilotos. No es fracaso personal, es honestidad intelectual. Mejor aceptarlo que destruirte financiera y emocionalmente persiguiendo algo que no es para ti.

El mindset ganador no es perfección. Es consistencia en la gestión de la imperfección. Es aceptar que perderás regularmente pero ganarás en conjunto. Es respetar el mercado sin temerlo, respetarte a ti mismo sin ilusionarte. Es tratar el trading como profesión seria sin perder la perspectiva sobre la vida. Es evolución continua sin expectativa de perfección.

La verdad final sobre el mindset es que no es destino sino viaje. No te despiertas un día con el mindset perfecto. Lo construyes trade tras trade, día tras día, lección tras lección. Cada error es un ladrillo, cada éxito es cemento. Con el tiempo, construyes una fortaleza mental que puede resistir cualquier tormenta del mercado. No porque seas especial, sino porque hiciste el trabajo que otros no estaban dispuestos a hacer: el trabajo sobre ti mismo.

# Capítulo 12: Desarrollar un Plan de Trading

Un plan de trading es la diferencia entre esperar y saber, entre reaccionar y actuar, entre sobrevivir por casualidad y prosperar por diseño. Es el contrato que firmas contigo mismo antes de que el mercado empiece a jugar con tus emociones. Sin plan, eres una hoja en el viento del mercado, zarandeada por cada noticia, por cada movimiento, por cada opinión que lees en Twitter. Con un plan, eres un roble: puedes doblarte con el viento pero tus raíces permanecen firmes.

El plan no es una lista de buenos propósitos escritos en una servilleta después de ver un video motivacional en YouTube. Es un documento detallado, probado, refinado, que responde a cada pregunta antes de que el mercado te la haga. ¿Qué haces si pierdes 5 trades seguidos? Está en el plan. ¿Cómo reaccionas a un gap down del 10% en una de tus posiciones? Está en el plan. ¿Cuándo tomas ganancias parciales? Está en el plan. El plan elimina la improvisación del trading, transformándolo de arte emocional en ciencia aplicada.

La creación del plan comienza con brutal honestidad sobre quién eres, qué quieres, y qué puedes obtener realistamente. No puedes copiar el plan de alguien más como no puedes ponerte sus zapatos y correr su maratón. Tu capital, tu tiempo disponible, tu tolerancia al riesgo, tus objetivos: todo debe reflejarse en el plan. Si tienes un trabajo a tiempo completo y familia, tu plan será diferente del de un joven de veinte años soltero que puede mirar las pantallas todo el día.

## Construir los Cimientos de Tu Plan

Los objetivos son el punto de partida, pero deben ser reales, no fantasías. "Convertirme en millonario en un año partiendo de 1000 euros" no es un objetivo, es delirio. "Generar un rendimiento del 20% anual manteniendo el drawdown bajo el 10%" es un objetivo. Específico, medible, alcanzable (difícil pero posible), relevante para tu situación, temporalmente definido. Si tus objetivos no pasan el test SMART, no son objetivos, son sueños.

La elección de los mercados y los instrumentos no es casual. Debe alinearse con tu estilo de vida y tu personalidad. ¿Amas la acción frenética? Forex y futuros. ¿Prefieres análisis profundos y movimientos más lentos? Acciones value. ¿Eres noctámbulo? Los mercados asiáticos son perfectos. ¿Madrugador? Europa. El mercado correcto para ti es el que se adapta a tus ritmos, no el que promete más dinero.

Los criterios de entry y exit son el corazón operativo del plan. No "compro cuando pienso que subirá", sino "compro cuando el precio rompe la resistencia con volumen por encima del promedio de 20 días y RSI bajo 70". Específico, objetivo, replicable. Igual para la salida: no "vendo cuando he ganado suficiente", sino "cierro el 50% en el primer objetivo (R1), 25% en el segundo (R2), trailing stop en el resto". Eliminas la ambigüedad, eliminas la emocionalidad.

El risk management en el plan no es un capítulo, es el hilo conductor de cada página. ¿Cuánto arriesgas por trade? ¿Cómo calculas el position size? ¿Cuál es tu máximo drawdown aceptable? ¿Cuántas posiciones correlacionadas puedes tener? Cada regla de risk management en el plan está escrita en la sangre de algún trader que la aprendió por las malas. No esperes a derramar la tuya.

El backtesting transforma la teoría en datos. Tomas tu estrategia y la aplicas a los últimos 2-3 años de datos históricos. No cherry-picking de los mejores trades, sino aplicación sistemática de cada regla. ¿Cuántos trades habrías hecho? ¿Qué win rate? ¿Qué profit factor? ¿Qué máximo drawdown? Si la estrategia no funciona en el pasado, ¿por qué debería funcionar en el futuro?

Pero el backtest no es todo. Los mercados del pasado no son los del futuro. Por eso se necesita el forward testing: trading simulado o con capital mínimo en condiciones reales. Es aquí donde descubres si puedes realmente ejecutar el plan cuando el dinero real está en juego, cuando el slippage es real, cuando las emociones entran en juego. Muchos planes perfectos sobre el papel se derrumban al primer contacto con la realidad.

# El Diario de Trading: El Espejo de la Verdad

El diario de trading es donde el plan se encuentra con la realidad. No es un registro contable de entradas y salidas, es la autopsia de cada decisión. ¿Por qué entraste a ese trade? ¿Estaba en el plan o improvisaste? ¿Por qué saliste temprano? ¿Miedo o estrategia? ¿Qué sentías cuando estabas en drawdown? ¿Cómo gestionaste la winning streak?

Cada entrada en el diario debería incluir los hechos objetivos: fecha, hora, instrumento, entrada, salida, P&L, captura del gráfico. Pero la parte crucial son las observaciones subjetivas: estado emocional, calidad del sueño la noche anterior, distracciones durante el trading, desviaciones del plan. Con el tiempo, emergen patrones que nunca habrías notado. ¿Siempre cometes errores los viernes? ¿Tradeas peor después de una pelea? ¿Sales siempre demasiado temprano en los ganadores?

La revisión semanal del diario es sagrada. No es masoquismo revisar los errores, es educación. Cada error documentado y analizado es una lección que no tendrás que pagar de nuevo. Cada éxito deconstruido es un patrón a replicar. El diario transforma la experiencia casual en sabiduría sistemática.

Pero el diario también revela cuándo el plan ya no funciona. Los mercados cambian, las estrategias se agotan, lo que funcionaba ayer puede no funcionar mañana. Cuando el diario muestra deterioro consistente de los resultados a pesar de la ejecución correcta, no es el trader el que está fallando, es el plan el que necesita actualización. No es fracaso, es evolución.

### La Evolución del Plan

El plan de trading no es la Biblia, no está tallado en piedra. Es un documento vivo que crece contigo. El plan de tu primer año será vergonzoso de releer después de cinco años de experiencia. Y está bien así. Significa que estás creciendo, aprendiendo, evolucionando.

Las actualizaciones del plan deben ser deliberadas, no emocionales. No cambias las reglas después de una losing streak, las cambias después de un análisis profundo que muestra un problema estructural. No agregas complejidad porque estás aburrido, la agregas porque los datos muestran una oportunidad de mejora. Cada modificación es una hipótesis a probar, no una reacción por instinto.

El plan también debe prever su propio fin. ¿Qué sucede si después de X tiempo no alcanzas los objetivos? ¿Si el drawdown supera Y? ¿Si tu vida cambia y el trading ya no es prioritario? Estrategia de salida no solo para los trades, sino para el trading mismo. No es pesimismo, es realismo. Saber cuándo detenerse es sabiduría, no debilidad.

Compartir el plan con alguien de confianza añade accountability. No tienes que revelar cada detalle de la estrategia, pero compartir objetivos y reglas principales con un partner, un mentor o un grupo de trading serio crea presión positiva para respetar el plan. Es fácil engañarse a uno mismo, más difícil cuando alguien más está mirando.

El plan de trading perfecto no existe. Existe el plan perfecto para ti, en este momento, con estas condiciones de mercado. Es un trabajo en progreso perpetuo, un diálogo continuo entre tus aspiraciones y la realidad del mercado. Pero incluso un plan imperfecto vence a ningún plan cada día de la semana.

La verdad sobre el plan de trading es que la mayoría de los traders no tiene uno real. Tienen vagas ideas, buenas intenciones, estrategias mentales nunca formalizadas. Luego se preguntan por qué los resultados son inconsistentes, por qué repiten los mismos errores, por qué el trading parece gambling. El plan no garantiza éxito, pero su ausencia garantiza mediocridad en el mejor de los casos, ruina en el peor.

Escribir el plan es el primer acto de seriedad hacia el trading. Es declarar que no estás aquí para jugar, estás aquí para construir algo. Es aceptar que el éxito en el trading no viene de predecir el próximo movimiento, sino de ejecutar consistentemente un proceso bien diseñado. Es la diferencia entre ser un trader y ser alguien que hace trades. Elige sabiamente.

# Capítulo 13: Innovación Tecnológica en el Trading

La tecnología ha transformado el trading de club exclusivo para ricos en campo de batalla abierto a cualquiera con un smartphone y 100 euros. Pero no es solo democratización, es revolución total. Los algoritmos tradean millones mientras duermes. La inteligencia artificial lee 10.000 noticias por segundo buscando oportunidades. Los bots colocan y cancelan miles de órdenes antes de que puedas pestañear. Ya no es el mundo donde gana el trader más inteligente, es donde gana quien tiene las mejores herramientas y sabe usarlas.

En los años 90, cuando comenzó el trading online, era revolucionario poder colocar una orden desde la computadora de casa en lugar de llamar al broker. Hoy eso parece prehistoria. Las plataformas modernas son centros de comando que rivalizan con lo que tenían los bancos de inversión hace solo 10 años. Gráficos que se actualizan al milisegundo, scanners que monitorean miles de títulos simultáneamente, algoritmos que ejecutan estrategias complejas automáticamente. Y todo esto disponible para cualquiera, gratis o casi.

Pero la verdadera revolución no está en el hardware o el software, está en el cambio de paradigma. El trading ya no es humanos contra mercado, es humanos con máquinas contra otros humanos con máquinas. Quien gana no es quien predice mejor el futuro, sino quien procesa mejor el presente. No es quien tiene más información, sino quien la transforma más rápido en acciones. La tecnología no ha nivelado el campo de juego, lo ha redefinido completamente.

**Las Armas del Trader Moderno**

Las plataformas de hoy son naves espaciales comparadas con las bicicletas de hace veinte años. TradingView te permite analizar cualquier mercado del mundo con indicadores que antes costaban miles de euros al mes. MetaTrader tiene un lenguaje de programación integrado que te permite automatizar cualquier estrategia. Interactive Brokers te da acceso a prácticamente cada mercado del planeta desde una sola interfaz. Ya no son solo plataformas, son ecosistemas completos.

Los scanners de mercado son los ojos que no tienes. Mientras tú miras un gráfico, el scanner monitorea 5000 acciones buscando tus patrones específicos. ¿Volumen inusual? Lo encuentra. ¿Breakout desde resistencia con momentum? Lo señala. ¿Divergencias RSI en múltiples timeframes? Ahí están. Es como tener 100 analistas trabajando para ti 24/7, solo que no se cansan, no se distraen, no tienen sesgos emocionales.

Los trading bots han pasado de curiosidad a necesidad. No hablo de los bots estafa que prometen rendimientos garantizados, sino de sistemas serios que ejecutan estrategias probadas. Un bot puede hacer grid trading en crypto 24/7.

Puede hacer arbitraje entre exchanges en milisegundos. Puede gestionar tu portafolio rebalanceándolo automáticamente. Puede ejecutar tu estrategia de swing trading mientras estás de vacaciones. No es magia, es automatización inteligente de procesos repetitivos.

La inteligencia artificial en el trading retail está todavía en sus inicios pero ya está cambiando todo. Servicios como Trade Ideas usan IA para escanear el mercado y sugerir trades. Alternative data providers analizan imágenes satelitales de estacionamientos para predecir earnings de retail. Herramientas de análisis de sentimiento procesan millones de tweets para entender el mood sobre un título. No necesitas ser Google para tener IA trabajando para ti.

Las API (Application Programming Interface) han abierto posibilidades infinitas. Puedes conectar tu estrategia Python directamente al broker. Puedes hacer que TradingView hable con MetaTrader. Puedes crear dashboards personalizados que agregan datos de 10 fuentes diferentes. Puedes construir

TU sistema de trading a medida en lugar de adaptarte a lo que ofrece una plataforma. Es libertad tecnológica total para quien sabe programar o está dispuesto a aprender.

# El High Frequency Trading y la Nueva Realidad

El HFT (High Frequency Trading) ha cambiado las reglas del juego para siempre. Estos algoritmos tradean en microsegundos, aprovechan diferencias de precio de fracciones de centavo, colocan y cancelan miles de órdenes por segundo. Controlan más del 50% del volumen en muchos mercados. No puedes competir con ellos en velocidad, pero puedes entender cómo influyen en el mercado y adaptarte.

Los HFT crean liquidez pero también volatilidad extrema. Los flash crashes donde el mercado se desploma y recupera en minutos a menudo son causados por algoritmos que se descontrolan. El 6 de mayo de 2010, el Dow Jones perdió casi 1000 puntos en minutos para luego recuperarse. Culpa de un algoritmo mal programado. En 2022, la libra esterlina cayó un 6% en segundos durante las horas asiáticas. Algoritmos reaccionando a algoritmos en una espiral de ventas.

Para el trader retail, el HFT significa que ciertos tipos de trading están muertos. ¿Scalping manual en timeframes bajo el minuto? Imposible vencer a las máquinas. ¿Arbitraje entre exchanges? Los bots lo hacen en milisegundos. Pero también significa nuevas oportunidades. Los HFT crean patrones predecibles. Causan sobrereacciones que puedes aprovechar. Dejan "huellas" en el order book que revelan sus intenciones.

# Los Tools del Futuro (Que Ya Están Aquí)

El machine learning está entrando en el trading retail de forma seria. Plataformas como QuantConnect y Quantopian (RIP) han hecho el quant trading accesible a cualquiera que sepa programar. Puedes entrenar modelos con años de datos, hacer backtest de estrategias complejas, optimizar parámetros con algoritmos genéticos. No necesitas un PhD en física, necesitas ganas de aprender y experimentar.

La realidad aumentada está llegando al trading. Imagina gráficos 3D que flotan frente a ti, order books visualizados como paisajes tridimensionales, alertas que aparecen en tu campo visual. Parece ciencia ficción pero los prototipos ya existen. Apple Vision Pro y similares llevarán el trading a una dimensión completamente nueva en los próximos años.

Los large language models como GPT ya están cambiando el análisis. Pueden procesar earnings calls en segundos, resumir sentiment de miles de artículos, explicar movimientos de mercado complejos en lenguaje simple. También pueden ayudarte a programar estrategias, debuggear código, generar ideas de trading basadas en patrones históricos. No sustituyen el cerebro humano, lo potencian.

La blockchain y DeFi (Decentralized Finance) están creando mercados completamente nuevos. Trading 24/7 real, no como Forex que cierra el fin de semana. Settlement instantáneo, no T+2. Acceso a liquidez global sin intermediarios. Smart contracts que ejecutan estrategias complejas automáticamente. Es el salvaje oeste ahora, pero es hacia donde se dirige todo el sistema financiero.

## Cómo Sobrevivir y Prosperar en la Era de las Máquinas

La primera regla es aceptar la realidad: no puedes vencer a las máquinas en su juego. Nunca serás más rápido que un HFT, nunca procesarás más datos que una IA, nunca estarás online 24/7 como un bot. Pero no tienes que hacerlo. Tu ventaja es que puedes hacer cosas que las máquinas no pueden. Puedes entender contexto que escapa a los algoritmos. Puedes adaptarte a situaciones nunca vistas antes. Puedes tener intuiciones que ningún backtest capturaría.

La segunda regla es: usa la tecnología, no dejes que ella te use. Cada herramienta es útil solo si mejora tu proceso. No necesitas 100 indicadores si no sabes leer un gráfico básico. No necesitas un bot si no tienes una estrategia rentable que automatizar. No necesitas IA si no entiendes los fundamentos. La tecnología amplifica las competencias, no las sustituye.

Invierte en educación tecnológica. Aprende al menos los básicos de Python. Entiende cómo funcionan las API. Estudia cómo leer el market microstructure. No tienes que convertirte en programador, pero debes entender lo suficiente para aprovechar las herramientas disponibles. Es como conducir: no tienes que ser mecánico, pero saber cómo funciona el motor ayuda.

Especialízate en nichos donde el humano todavía tiene ventaja. Las small caps donde los HFT no juegan. Los mercados emergentes donde los datos son sucios. Las situaciones especiales que requieren interpretación. Los catalyst-driven trades donde cuenta el timing más que la velocidad. Todavía hay océanos azules donde la tecnología no domina completamente.

La verdad sobre la innovación tecnológica en el trading es que es un arma de doble filo. Te da poderes con los que los traders de hace 20 años solo podían soñar, pero también te pone en competencia con adversarios cyborgs. No puedes ignorarla esperando que desaparezca, debes abrazarla y adaptarte. El futuro del trading no es humanos contra máquinas, es humanos usando máquinas mejor que otros humanos. Y en este juego, quien se adapta sobrevive, quien se adapta mejor prospera.

# Conclusión

Aquí estamos al final de este viaje, pero déjame decirte algo: en el trading, como en la vida, no existen puntos de llegada. Solo nuevos puntos de partida. Y tú ahora estás en una posición completamente diferente de cuando abriste la primera página de este libro. No porque yo te haya revelado quién sabe qué secreto oculto – esos no existen – sino porque ahora tienes las herramientas para ver los mercados con ojos diferentes. Y esta, créeme, es la única verdadera riqueza que ningún crash bursátil podrá jamás quitarte.

El trading es brutalmente honesto. No perdona la improvisación, castiga la arrogancia y premia solo a quien tiene la humildad de aprender cada día. Pero justo en esta implacabilidad está su belleza: es uno de los pocos campos donde los resultados dependen realmente de ti. No de recomendaciones, no de suerte ciega, sino de tu capacidad de leer la realidad, gestionar las emociones y tomar decisiones racionales mientras todos a tu alrededor pierden la cabeza. Es un gimnasio para la mente y el carácter que te hará mejor incluso fuera de los mercados.

Ahora sabes cómo funciona esta máquina compleja. Conoces los mercados, has estudiado las velas japonesas, sabes distinguir el análisis técnico del fundamental. Has entendido que la gestión del riesgo no es un opcional sino el corazón pulsante de cada estrategia ganadora. Has descubierto que el apalancamiento puede ser un acelerador de riqueza o de ruina, según cómo lo uses. Y sobre todo – espero – has interiorizado que la psicología no es un capítulo aparte sino el hilo invisible que atraviesa cada decisión que tomarás frente a un gráfico.

Pero la verdadera pregunta ahora es: ¿qué harás con todo esto? Porque el conocimiento sin acción es solo entretenimiento intelectual. Y la acción sin práctica constante es solo una forma cara de aprender lecciones que podrías haber aprendido en una cuenta demo. El trading requiere lo que pocos están dispuestos a dar: tiempo, estudio metódico, análisis despiadado de los propios errores. No es sexy, no es emocionante como colocar el trade de tu vida, pero es el único camino que conozco hacia una competencia real.

Te diré qué separa a quien lo logra de quien quema la cuenta en seis meses: la capacidad de ver el trading como un negocio, no como un casino. Quien tiene éxito no busca la emoción del azar sino el aburrimiento de la rutina rentable. No persigue el trade perfecto sino que construye un sistema que funciona en el tiempo. No se exalta por una victoria ni se desespera por una pérdida, porque sabe que son solo puntos de datos en una distribución estadística mucho más amplia.

Y luego está la innovación tecnológica, que está cambiando las reglas del juego mientras hablamos. Los algoritmos son más rápidos que tú, la inteligencia artificial analiza más datos de los que puedas imaginar, el trading de alta frecuencia se mueve en microsegundos. ¿Pero sabes qué? Todavía hay espacio para la inteligencia humana. Para esa capacidad de ver patrones que ningún algoritmo puede codificar, de intuir cambios de sentimiento que ninguna IA puede predecir, de adaptarse a situaciones nunca vistas mientras los bots se descontrolan. El futuro no pertenece a quien combate la tecnología sino a quien aprende a danzar con ella.

El camino que tienes por delante no será lineal. Habrá días en que te sentirás invencible y días en que cuestionarás todo. Momentos en que el mercado te dará la razón más allá de toda expectativa y momentos en que te enseñará humildad de la manera más dolorosa posible. Es normal. Es parte del juego. Lo importante es que cada pérdida se convierta en una lección, cada victoria en una confirmación de que vas por el camino correcto pero aún no has llegado.

Continúa estudiando, pero no solo en los libros. Estudia tus trades, lleva ese diario de trading del que hemos hablado, analiza qué funcionó y qué no. Comparte con otros traders, pero elige bien: busca a los que hablan más de sus pérdidas que de sus victorias, son de quienes aprenderás realmente. Y sobre todo, nunca dejes de cuestionar tus certezas. Los mercados cambian, las estrategias que funcionaban ayer pueden no funcionar mañana. Quien se adapta sobrevive, quien se endurece es barrido.

No te prometí riquezas fáciles porque no existen. No te vendí el sueño de la libertad financiera en tres meses porque es una mentira. Te di herramientas reales para un trabajo real que requiere compromiso real. Pero si tienes la pasta, si tienes la disciplina, si tienes la paciencia de construir ladrillo tras ladrillo tu competencia, entonces sí, el trading puede darte lo que promete: no solo ganancias, sino libertad. La libertad de no depender de un solo sueldo, de poder trabajar desde cualquier parte del mundo, de transformar tu inteligencia en capital.

El mercado estará abierto mañana por la mañana, como cada día. Millones de personas comprarán y venderán, empujadas por miedo y avaricia, esperanza y desesperación. Tú ahora tienes algo que la mayoría de ellos no tiene: un mapa, una brújula, y la conciencia de que el viaje apenas ha comenzado. No es cuestión de si lo lograrás, sino de cuánto estás dispuesto a comprometerte para lograrlo.

Los mercados no esperan a nadie. Pero ahora, al menos, estás listo para enfrentarlos con conocimiento de causa. El resto depende solo de ti. Y esta, en el fondo, es la mejor noticia que podía darte.

**Capítulos Bonus**

¿Todavía tienes hambre de conocimiento? Perfecto.

He preparado para ti dos capítulos extra sobre opciones y trading accionario avanzado, más una guía completa para la lectura de las principales candlestick y gráficos que no podían estar en este libro sin convertirlo en un ladrillo. Escanea el código QR aquí abajo y descarga el PDF gratuito con estrategias que el 90% de los traders no conoce. Ningún truco, ningún registro molesto – solo contenidos prácticos para quien realmente quiere dar el salto de calidad.